看聞日記とその時代

好奇心旺盛な皇族・伏見宮貞成が語る中世社会

薗部寿樹＝著

勉誠社

はじめに

この本は、『看聞日記《かんもん》』の面白さを読者の皆さんにお知らせするために書いたものです。『看聞日記』とは、室町時代の皇族である伏見宮貞成《さだふさ》（一三七二〜一四五六）が書いた日記です。この日記は、室町幕府第六代将軍の足利義教《よしのり》が暗殺された「嘉吉の乱」（一四四一）などを詳しく報じた、室町時代史研究における第一級の史料です。

私がここで『看聞日記』を第一級の史料と呼ぶ理由は、二つあります。その一つは、中世社会の政治・思想・社会・文化・習俗など多岐に渡る事柄を同時代人が詳しく観察し記録している点です。歴史学では、歴史的事象が起こったその時代に記録している文書や日記などを「一次史料」と呼び、最も重要な証拠と評価しています。『看聞日記』はまさに、室町時代の一次史料なのです。

日記は実際に執筆者が書いた自筆原本現物は失われ、写本として伝われているものが少なくありません。ところが『看聞日記』は、筆者である伏見宮貞成の自筆本が残されています（『看聞日記』の一部は妻の庭田幸子が代筆したのではないかという指摘がありますが、その点も含めて「自筆本」とみなしておきます）。これが、私が第一級の史料と呼ぶ、もう一つの理由です。

この『看聞日記』原本は伏見宮家が代々大切に保管してきましたが、現在では宮内庁書陵部が保管しています。『看聞日記』原本は全四十二巻で、応永二十三年（一四一六）から文安五年（一四四八）の三十三年分が残されています。

『看聞日記』を活字翻刻したものは『続群書類従』補遺二『看聞御記』上・下で、現在ではオンデマンド本として八木書店で刊行されています。私が『看聞日記』を読み始めたのは続群書類従完成会本の『続群書類従』補遺二『看聞御記』でした。

その後、宮内庁書陵部（編集）によって、『図書寮叢刊』看聞日記一〜七（明治書院、二〇〇二年〜二〇一四年）が刊行されました。本書現代語訳の底本は、この宮内庁書陵部本です。この宮内庁書陵部本の刊行により、『看聞日記』に対する理解が格段に深まりました。

ただ残念ながら、この書陵部本でも疑問に思われる翻刻が散見します。ところが幸いなことに現在では、その疑問を解く鍵がインターネットで提供されています。それは、宮内庁書陵部が刊行した『看聞日記』原本の写真版（コロタイプ版）です。その画像が、国立国会図書館のネット上で公開されているのです。ここでは、『看聞日記』原本写真版の巻頭（文箱の蓋外題の写真）のアドレスのみご紹介しておきます。https://dl.ndl.go.jp/pid/2591270/1/1

『看聞日記』は内容的に前半部分と後半部分に分けることができます。前半部分は、数え年四十五歳の貞成が京都の今出川家から京都郊外の伏見荘にある伏見宮家へ移住して、日記を書き始めた応永二十三年（一四一六）正月から、京都へ引っ越す前夜である永享七年（一四三五）十一月まで（六十四歳）の伏見滞在時代です。生まれてから四十四歳まで、家司である京都の今出川家で成長した貞成が、四十五歳になって生まれて初めて京都郊外の田舎である伏見荘で暮らした時期です。京都しか知らない都会っ子である貞成が、突然、伏見荘の村人たちの世界に入っていったわけです。もともと好奇心旺盛な貞成としては、見るもの聞くものすべてが興味深かったに違いありません。「看聞」（見たり聞いたり）という日記の表題も、この時期における貞成の新鮮な驚きを表現したものといえましょう。

そして伏見荘から京都の一条東洞院の新造御所へ引っ越す永享七年（一四三五）十二月（六十四歳）から、擱筆する文安五年（一四四八）（七十六歳）までの京都在住時代が、日記の後半部分になります。出家しつつも晴れて親王になった貞成が、京都の中央政界に躍り出た時期に当たります。第六代将軍足利義教の強い庇護のもと、実子の彦仁王が後花園天皇になります。貞成は一躍、事実上の法皇とみなされます。歴史上著名な嘉吉《かきつ》の乱や禁闕《きんけつ》の変に遭遇し、貴重な記録を残したのも、この時期です。前半部分とは異なり、政治的な記述に溢れています。一般的な歴史研究者にとっては、この後半部分の記録こそが大事な史料ということになりましょう。

このような多岐に渡る話題を『看聞日記』は提供してくれます。本書では、そのほんの一部ですが読書の皆様にお示しした次第です。この本を契機として、さらに現代語訳全文の読破にチャレンジしていただければ、私としてとても嬉しく思います。

目　次

五　中世の合戦と犯罪……246

六　動物……293

〔解説〕伏見宮貞成と『看聞日記』

伏見宮貞成《さだふさ》は、応安五年（一三七二）三月二十五日に生まれ、康正二年（一四五六）八月二十九日に没した、室町中期の皇族です。父は伏見宮初代栄仁《よしひと》親王、母は三条実治の娘治子。貞成は、京都の今出川家で養育されました。その折、貞成は自分の出処進退が困難な局面にあり、今出川家敷地内にある小社に願い事をしています（『看聞日記』応永二十九年九月三十日条の述懐）。その願い事の詳しい内容は「忘れた」と記されていますが、位階・官職もなく領地も奪われた貧乏宮家の次男として、出処進退がきわまるというのはただ一つ、出家するかどうかということでしかありません。貞成は父・栄仁親王から出家するよう言い渡されていましたが、その命令から逃げまわっていたのでしょう。

応永十八年（一四一一）四月四日、貞成は京都から伏見に移り、そこでようやく元服します。時に貞成四十歳（『栄仁親王琵琶秘曲御伝業並貞成親王御元服記』『図書寮叢刊　看聞日記紙背文書・別記』養徳社、一九六五年）。このような遅い成人も、宮家の貧窮と貞成の出家拒否が影響しているのだと思います。

そして貞成四十五歳の応永二十三年（一四一六）正月元日から、『看聞日記』を書き始めます。その年に父・栄仁親王が死に、翌年には父の後を継いだ兄の二代目伏見宮治仁《はるひと》王が急死します。貞成には兄を毒殺したとの疑いがかけられますが、後小松上皇や第四代将軍足利義持《よしもち》により、貞成は第三代伏見宮家当主として認められました。

当主の座についた貞成の目に入ってきたのは、見慣れぬ伏見荘の村々でした。この頃からほぼ十年の間の日記が、村落史研究者の私にとって、とても興味深い内容となっています。まさに「看て聞いた」中世社会のありようを、一心不乱に記録していった感があります。この楽しい記録を是非、現代語訳で味わっていただきたいと思います。

その後、応永三十二年（一四二五）四月十六日、後小松上皇の猶子《ゆうし》（養子の一種）になることを条件に、貞成は念願の親王となります。これは、貞成が天皇に登りつめる第一歩となるはずでした。ところが自分に相談なく進められた人事に大反対したのが、称光天皇でした。その結果、貞成は同じ年の七月五日、伏見荘内の大光明寺で落飾します。法名は「道欽」。ただし寺に入るのではなく、在家のまま仏道修行をする「入道親王」となったのでした。

その一方、正長元年（一四二八）七月に称光天皇が重態に陥ると、貞成の第一子である彦仁《ひこひと》王を次の天皇にすべく、第六代将軍足利義教《よしのり》が後小松上皇に迫ります。そして称光天皇死去の後、後小松は彦仁王を猶子として、後花園天皇として即位させました（正長元年七月二十八日）。これは、後小松の属する後光厳院流の天皇という名目を立てたものですが、内実としては栄仁親王の崇光院流が皇位を継承したことになります。その点では、栄仁親王以来の悲願がかなったということになるでしょう。

足利義教は、その後も貞成に対して好意を示し続けました。貞成もそれを受け入れ、ありがたくも嬉しいことだと絶えず感謝の意を捧げています。ただその一方で、義教が癇癪持ちの専制君主であることも、貞成は強く実感しています。

永享二年（一四三〇）七月、義教の右大将兼任拝賀にお供しなかったという理由で、貞成の側近中の側近である田向経良《たむかいつねよし》と息子の田向長資《ながすけ》が強く譴責《けん》をうけます。そして翌月には義教の口出しにより、経良の中納言昇進も取り消されます。あわてた経良は自身の名前「良」が義教の「義」と通じるとして「経兼《つねかね》」と改名しますが、義教の怒りは解けず、最終的には家領の山城国大野荘に引き籠もります。それでもさらに義教は執拗に経兼を追い詰め、最終的には田向家の領地も奪ってしまいます。行き場を失った経兼は、息子の隆経《りゅうきょう》がいる仁和寺大教院へ移っていきます。

このような悲惨な経緯を目の当たりにした貞成も、義教の好意がいつかは憎悪に変わるのではないかと気が気ではありませんでした。義教からの贈り物が一定期間届かなくなると、義教の不興を買ったのではないかと、いつも怯《おび》えている日々でした。

とはいえ永享五年（一四三三）に後小松法皇が亡くなると、貞成は後花園天皇の実父として、公家社会における存在感を高めていきます。さらに永享七年（一四三五）、義教の斡旋により、後小松法皇仙洞御所の跡地に一条東洞院御所を造営して洛中（京都市中）へ移ります。

『看聞日記』後半部分、後花園天皇が即位した正長元年以降の記事には、政治的な記事が増えてきます。これは貞成が政界で次第に発言力を高めていったことによるもので、政治史的に重要な記事が『看聞日記』に散見するようになります。貞成の人生の中でも一際光彩を放つ「政治の季節」といえましょう。

そのなかでも特に重要なのが、嘉吉元年(一四四一)の嘉吉の乱と同三年(一四四三)の禁闕《きんけつ》の変でしょう。

嘉吉の乱に対する貞成の発言は有名で、貞成は「将軍がこのように犬死にしたのは、古来より、そうした事例を聞いたことがない」と記しています(嘉吉元年六月二十五日条)。好意を受けながらも、たえず憎悪に怯えた反感が「犬死に」という侮蔑を含んだ表現につながっているといえましょう。

禁闕の変は、後南朝遺臣の日野有光《ありみつ》が嘉吉三年九月に内裏へ侵入して放火し、三種の神器である神璽と宝剣を奪って、比叡山に立て籠もった事件です。そのため内裏を焼け出された後花園天皇が伏見宮家御所へ避難してきた状況が、『看聞日記』には詳しく記されています。今上天皇が実父と同居するという事態そのものが歴史的にとても珍しいうえに、天皇の宮家滞在のありようが詳細に記されているのは、とても貴重な記録です。

また彦仁王が天皇になってからはもう二度と会うことはできないと貞成は思っていたので、天皇との同居を大喜びで受け入れます。そして現実にも宮家で数回、天皇に拝謁し、一緒にお酒も飲んでいます。このように室町時代の天皇の生活を垣間見ることができる点も、この記録の魅力です。

ただしこの同居生活は長続きしません。翌嘉吉四年の年始が迫ってくる中で、「後花園天皇が実父の御所に同居していては、内裏の正月行事が実施できない」という批判の声が高まっていきます。

その声に押され、同年の大晦日に天皇は正親町三条実雅《おおぎまちさんじょうさねまさ》の屋敷へ引っ越していきます。束の間の同居生活でしたが、貞成は老後の思い出として、大きな喜びをもって天皇を送り出しました。

その後、文安四年（一四四七）十一月二十七日、貞成七十五歳の折、後花園天皇から尊号「後崇光院」を授与され、宮家には院庁が設置されました。それに次いで、翌文安五年三月四日に妻の庭田幸子にも「敷政門院」という女院号が授与されます。ただ、幸子に関しては院庁設置は省略されました。そしてこの年の四月十三日、庭田幸子は五十九歳で死去します。

『看聞日記』そのものはこの文安五年四月七日で擱筆されていますが、その後も貞成は宝徳三年（一四五一）から享徳三年（一四五四）に至る『諸家拝賀記』（別記）を執筆しています。これは任官・昇進や叙位に預かった者たちが貞成になされた拝賀（任官お礼の儀式）だけを記録した「拝賀部類記」のような体裁をとっています。これを読むと、当時の公家社会が貞成を「事実上の上皇（法皇）」と認めて、宮家（院庁）へ拝賀に来ている様子が見てとれます。と同時に、はじめて「公務」を執り行う貞成の嬉しさも滲み出ている記録です。

「法皇」となってから九年目の康正二年（一四五六）八月二十九日、一条東洞院「院御所」で貞成は亡くなります。享年八十五歳でした。九月四日に伏見荘の大光明寺で火葬され、伏見松林院陵（京都市伏見区丹後町）に埋葬されました。

筆まめな貞成は、『看聞日記』や『諸家拝賀記』以外にも、著作を残しています。永享四年（一四三二）には、崇光院流皇統の由来や帝王学などを記した『椿葉記《ちんよう》』（『正統廃興記』）を著し、翌々年に後花園天皇へ献上しています。また『看聞日記』には別記十三巻があります。生前盛んに詠んだ和歌は、『沙玉《さぎょく》和歌集』（『群書類従』和歌部）や『後崇光院歌合詠草類』（図書寮叢刊）に収められています。

以上のような経緯から生まれてきた『看聞日記』ですが、京都の公家社会で育ってきた貧乏な皇族が、伏見という京都近郊の村落に移り住み、これまで自分が見聞きしたことのない中世社会のありようを事細かに記録していきます。その内容は、通常の古記録や日記では記載されないような多様な事柄に及んでいます。それにより、民衆を含む多様で彩り豊かな中世社会像を私たちに提供してくれます。

また日記の後半は実子が後花園天皇となり、時の専制君主・足利義教からの好意を受けながらも、気まぐれな義教の恐怖におののきつつ過ごした京都政界の内幕を、赤裸々に暴き出しています。

この本では残念ながら、その一端をご紹介するだけで精一杯です。是非、今後続けて出版する現代語訳全文をお手にとって、中世社会の実相をお楽しみいただければ幸いです。

【参考文献】

横井清『室町時代の一皇族の生涯』（講談社学術文庫、二〇〇二年。初出一九七九年）
田沼睦「後崇光院」（『国史大辞典』第五巻、吉川弘文館、一九八五年）

現代語・抄訳で楽しむ『看聞日記』

一　中世の領主

前述したように伏見宮貞成は、数え年四十六歳で思いがけず伏見宮家当主になります。それ以降、「領主はどうあるべきか」ということが、貞成が終生にわたり思索し続けたテーマでありました。崇光院流の帝王学を説いた『椿葉記《ちんよう》』を書き上げ、やはり思いがけず二十歳で即位した実子の後花園天皇へ献上したのも、以上のような思索の一つの結実といえましょう。

見習うべきものかどうかはともかくとして、貞成の周囲には後小松上皇や称光天皇、それに将軍足利義持や足利義教という個性的な王や領主がいました。その人たちの動静を事細かに記録しているのも、自分なりの領主像を考えるための素材だったのでしょう。その記録のなかには従来、中世領主論としてはあまり議論されてこなかった事柄も少なからずあります。ということで、まずは貞成が観察した領主たちや自省した領主像などをみていきたいと思います。

(1) 内裏の防火と称光天皇

応永二十三年（一四一六）七月一日、後小松上皇の仙洞御所が火事になりました。さらにそれが飛び火して、朝廷にも火が付いてしまいます。以下は、その時の様子です。

同年七月一日条

朝廷の四足門にも火が付いたが、打ち消したそうだ。紫宸殿も類焼しそうになったが、室町殿ご兄弟の足利義持殿・同義嗣殿が駆けつけて、称光天皇陛下に他所へ避難なさるよう進言された。ところが「わしは輿などに乗って出て行くつもりはない」と仰って、陛下は御刀を帯び金属製の鞭を持って紫宸殿にお留まりになった。そこで室町殿は諸大名に動員を命じた。動員された数百人は御殿に登り、太刀や刀で火が付いた所を切り落として、防火した。それで、内裏は無事だった。もしすぐに陛下がお逃げなさっていたら、内裏が焼けたのはもちろんのことである。陛下に勇気があったので、皆が励まされて火を消したのである。すべては陛下の名誉ある勇気の賜物である。

称光天皇は飲酒や乱暴、さらには精神的な不調などで、何かと問題を起こす人でした。ところが、この火事の際は、いささか様子が違っています。火が迫るなか、称光は太刀と鉄の鞭をもって紫宸殿に留まりました。「このままだと天皇が焼死してしまう」。その危機感から室町殿足利義持は諸大名を動員して、内裏の防火に努めました。これは天皇の確固たる姿勢に励まされて、武士が防火に当たった賜物だと、貞成は称光の名誉を讃えます。

ただ太刀はともかくとして、鉄の鞭を手にしているところは、称光がいささか風変わりな天皇であったことを示しているように感じるのですが、皆さんはどのようにお思いになりましたか。

（2）栄仁親王の死

応永二十三年（一四一六）十一月二十日条

朝早く田向三位が京都に出かけた。伏見荘以下の領地支配承認のことを、室町殿へお願いするためである。そのために、取り次ぎ役の広橋へ御所様のいろいろな命令を御使として伝えにいったのだ。御所様のご病状、持病の中風の発作がとめどなく起こる。ご病状が悪化してとてもお苦しみの様子に見える。医師の昌者《しょうき》は呼ばれても、この数日全くやってこないのは、とんでもないことである。

今日の明け方からは下痢が二〜三度あって、御所様はいよいよおつらいご様子だ。夕方からは左手の脈もとれなくなった。医者がいないので、どちらの足が中風で悪いのか分からない。午後一時に少しお粥を口にされた。そしてすぐに横になられた。お粥を召し上がる間、私は後ろからお背中をお抱きして支えていたが、御所様の様子は危篤であると感じた。対御方が御前にお仕えしていたが、さめざめとお泣きになっていた。お見受けしたところ、看病なさっている対御方も今にも倒れそうなご様子だった。それで、私が対御方を後ろから抱き支えていた。数時間後、尼の玄経が私に代わってくれた。

御所様が起きたいと仰るので、起こした。お顔の色はとてもひどい。お言葉もはっきりしない。お口を開いたようなので、蘇合※をお口に入れたが、飲み込めないご様子だった。既に危篤なので、新御所様・近衛局・庭田重有朝臣ら御前にいない方々を急いで呼び寄せた。それ以前から御前にいたのは、私・対御方・田向長資朝臣・比丘尼玄経らであった。長資朝臣が御所様を後ろから抱き支えて、人参を煎じた水をお口に入れようとしたが、飲み込む気配がない。既にお亡くなりになっている様子だった。蔵光庵主や寿蔵主らが急いで近づきお脈をとり、「お亡くなりになりました」と申した。みな戸惑い泣き叫んで、どうしようもない有様となった。

大光明寺長老の徳祥和尚が来て、焼香をした。寺庵の僧や尼たちも駆けつけてきた。宮家の男女はみな天を仰ぎ、言葉を失っていた。すぐに大光明寺や寺庵の僧たちが来て、お経をあげた。

※蘇合《そごう》…蘇合香円の略。主に去痰・駆虫などに効く漢方の丸薬。

栄仁親王は、崇光上皇の後ろ盾により天皇になる予定でしたが、同上皇の死去によりそれを諦めて出家しました。さらに後小松天皇は栄仁親王の領地を全て没収します。その後、足利義満の手配で故直仁親王の領地が与えられ、後小松も播磨国国衙領を栄仁に返しました。また洛北の萩原殿から伏見殿へ移りますが、火事で焼失します。その後、嵯峨洪恩院、有栖川殿と諸所を遍歴しますが、応永十六年（一四〇九）、尼寺の宝厳院を仮御所として伏見荘内に移り住みます。『看聞日記』前半で貞成が御所として住んだのは、この建物です。『看聞日記』初年の応永二十三年の記事だけでも、脚気（正月八日条）・難聴（四月二十六日条）・中風（六月九日条）・腰痛（六月十三日条）などの症状に見舞われていました。享年六十六歳。合掌。

（3）栄仁親王の火葬と治仁王の人魂

貞成は、父親である栄仁親王の葬儀や火葬を間近に観察し、事細かに記録しました。ここでは火葬の様子と、そこで起きたハプニングについて見ていきます。

応永二十三年（一四一六）十一月二十四日条

町経時朝臣・四条隆盛朝臣・勧修寺経興が来た。門前で庭田重有朝臣が取り次ぎ、そのまま戻っていった。九条満教右大臣が八条公興朝臣を通してお見舞いを申してきた。九条右大臣のお見舞いは田向三位が取り次いだ。三福寺の長老が来た。豪融僧正・豊原郷秋・同敦秋らも来た。夕方、岡殿がいらっしゃった。覚兼房がお供をしてきた。ご火葬に立ち合いたいとのことであった。

午後五時、大光明寺へ向かった。新御所様・私・椎野寺主・対御方・近衛局・田向経良卿・庭田重有朝臣・田向長資朝臣・西大路隆富・冷泉正永・勝阿らが大光明寺へ入った。入江殿・真乗院殿・岡殿は、惣得庵から直接、大光明寺の参列席へお入りになったそうだ。ご火葬場は、大光明寺東門外の松や杉を切り払って、皮付きの檜材で垣根を作り、皮を削っていない丸太で組んだ鳥居などで飾ってあった。鳥居の前の左右、南側と北側に参列席が拵えてあった。南側は伏見宮家の参列席、北側は入江殿・真乗院殿・岡殿・惣得庵主らが一か所にお座りになっていたそうだ。

開始時刻になったので、まず新御所様・私・椎野が地蔵殿に行き、御棺の前で焼香した。長老に挨拶してから、すぐに参列席へ戻った。

ご遺体を火葬場にお運びする儀式。まずは地蔵殿の御棺の前で仏事があった。次いで鉢と鼓が叩き鳴らされた。葬送行列の様子、まず行者二人が灯籠をもって先頭にたった。次に旗が四本。警侍者《けいじしゃ》・田向経良《たむかいつねよし》の息子である瑛侍者《えいじしゃ》・行蔵庵珠《しゅ》侍者・策《さく》侍者らが旗を持っていた。さらに鉢を退蔵庵本愈首座《ほんゆしゅそ》・大光明寺継《けい》首座が持ち、鼓を轄《けい》書記・華《か》蔵主が持って歩いた。次いでご位牌を大通院の子息である洪蔭蔵主《こういんぞうす》が掲げ持った。そして棺が舁がれてきた。棺に結びつけた縄を椎野寺主・周乾《しゅうけん》蔵主・田向経良卿・庭田重有朝臣・西大路隆富《にしおおじたかとみ》・行蔵庵寿《じゅ》蔵主らが引いている。長老以下僧侶百人ばかりが阿弥陀如来大咒という呪文を唱えた。

火葬の儀となった。点火の役は、金剛院主古篆《こてん》和尚である。古篆は天龍寺の前住職で、普《ふ》明《みょう》国師春屋妙葩《しゅんおくみょうは》の弟子である。念誦の役は廿日堂《はつかどう》院主文明《ぶんみょう》和尚。文明は建仁寺の前住職で、同じく普明国師の弟子である。次に僧たちがお経をあげた。それに続いて、寺庵や入江殿・真乗院殿・岡殿ら尼僧たちによってお経があげられた。僧尼たちがお経をあげている間に、新御所様・私・宮家の女性たちは御所に戻った。この火葬の儀式は厳粛なものであった。

葬儀を拝見している心中、涙が落ちるのみであった。

　さて後に聞いたところでは、火葬の最中に、人魂が参列席のあたりから飛び出したという。不思議なことだ。帰宅した後、けじめとして一献の酒宴をした。これも先例として定まった方式だそうだ。

【頭書】この人魂、翌年のことと思い合わせると、新御所様の魂だったのであろうかと皆が言っている。信用しがたいことだけれども、皆が言っていることなので、記しておく。その一方で、何か恐ろしいことが起こるのではないかという声もあった。


二十日に亡くなった栄仁親王の火葬が、二十四日午後五時からおこなわれました。なお、火葬の最中に参列席のあたりから人魂が飛び出したと記されています。この事について、貞成は翌年に書き加えた頭書に「この人魂は翌年に亡くなる新御所の魂だったのではないか」と記しています。不思議な話ですね。

その後、焼き上がって火も収まった二十六日に、収骨が行われます。

同年十一月二十六日条
　初七日である。初七日の御仏事は特になかった。長照院殿が、清雲庵主や良寿房らと一緒にいらっしゃった。門の前で皆さんとお目にかかった。それで、すぐにお帰りになった。陰陽師の賀茂在貞が来た。楽人の山井景清が来た。埧西堂が僧六〜七人を連れてきた。お経を読んでくれた。

今夕は御収骨である。仏事に参列するために、皆が参列席についた。私は少し遅刻した。まず火葬場の鳥居の前に行って、焼香した。その間、大光明寺の僧たちが東門の前に大勢集まっていた。焼香が終わって、参列席に戻った。次に大光明寺長老の徳祥《とくしょう》和尚が鳥居の前に進み出て、お経を唱えた。その間に、周乾蔵主・蔭蔵主・桂首座・寿蔵主らがお骨を拾った。

さて椎野寺主はお骨をお拾いにならなかった。黒衣の僧として何かお考えがあるのだろうが、納得できないことだ。田向三位と庭田重有朝臣も同じく拾わなかった。何か先例があるにしても、お骨を拾わないというのはいかがなものであろうか。

お経が終わってから、対御方《たいのおんかた》・近衛局《このえのつぼね》はお骨を拾った。長老のお経の後に、大光明寺の僧たちがお経を読んだ。そして小さなシンバルを打ち鳴らしながら、捧げ持ったお骨を寺の中にお運びした。お骨は住職のお部屋に安置した。次に僧たちがお部屋の庭先でお経をあげた。新御所様と私は地蔵殿でそのお経を聞いていた。お経が終わって、皆がご位牌の前で焼香した。長老に挨拶をしてから、すぐに帰った。

そもそもこの仏事の事務取扱を新御所様が田向経良卿に命じたところ、差し障りがあると言って断ってきた。公卿の位にあるものが仏事の事務をすることは先例にないという。それで重有朝臣にお命じになったが、やはりきっぱりと断ってきた。長資朝臣は両親とも健在であるので、あえて収骨の事務をお命じにはならなかった。この他に適任者がいないので、仕方なく近衛局がすべて準備なさった。形だけのささやかな仏事だとはいえ、事務取扱者がいないのは先例に背くものであり、残念なことだった。やはり庭田重有朝臣その人が今回の事務取扱の最適任者であった。彼が辞退したのは納得できないことである。

火葬をはじめてから二日目の夕方、収骨が始まりました。まず僧侶たちが拾骨しました。ただし、異母弟である椎野寺主が拾骨しないことに、貞成は不満を述べています。椎野が所属する浄金剛院は念仏宗で、このお寺の僧は黒衣を着ます。ただし念仏宗徒であることと拾骨しないこととの関係性は、わかりません。

その後、宮家女房の対御方・近衛局も拾骨します。ところが不審に思うのは、新当主の新御所治仁王と次男の貞成が拾骨したという記述がないことです。現代人の感覚からすると、近親者から拾骨するのが一般的なルールのように思います。もしかしたら、「男性皇族は拾骨しない」という暗黙のルールがあったのかもしれません。

家司が仏事の奉行をする点に関しても、トラブルがありました。まず両親が健在の家司である田向長資に対して、新御所は仏事の奉行を命じませんでした。これも興味深い配慮ですね。それでお鉢が廻ってきた庭田重有は、「公卿は仏事の奉行をしない」と断っています。これは、田向家への対抗意識から出た態度のようです。このような庭田重有に対して、貞成は厳しく批判しています。

(4)足利義嗣の末路と白虹《はっこう》

足利義満は、長男の義持よりも次男の義嗣を可愛がりました。しかし義満が死去すると義嗣は後ろ盾を失い、義持と義嗣の関係は微妙なものとなっていきます。

応永二十三年(一四一六)十月三十日条

さて聞くところによると、室町殿の弟で新御所と呼ばれている足利義嗣押小路大納言《よしつぐおしこうじ》が、今日の明け方どこかへ逃げ出されたそうだ。室町殿はびっくりして、京都中が騒動になった。追っ手を差し向けて捜索なさったところ、京都北部の高尾あたりに隠れて世捨て人になったらしい。既に俗人の証である髻《もとどり》をお切りになったという。経済的に苦しいので領地のことなどをお願いなさっても、室町殿は同意なさらなかった。兄弟仲が悪く、それを恨みに思って、このような事をしでかしたらしい。義嗣卿に関しては、謀叛の企てがあるといううわさが絶え間なく聞こえてくる。最近の関東の情勢に関連して、室町殿は義嗣卿の動静をいよいよ恐れていらっしゃるという。

とうとう義持と義嗣の関係が破綻し始めます。髻を切って世捨て人になっただけなら心配はいらないでしょうが、この年、もと関東管領の上杉禅秀《ぜんしゅう》が鎌倉公方足利持氏《もちうじ》と対立していました。そして、この対立は翌年一月には、上杉禅秀の乱に発展していきます。この情勢のなか、義嗣が幕府に叛乱することを義持は恐れていたのです。

同年十二月十六日条

ところで聞いたところでは、足利義嗣押小路大納言が叛逆を企てていたことが明確になったという。関東での謀叛は、この大納言が手を回したせいらしい。延暦寺と興福寺を誘い入れようとした義嗣の回覧状などを園城寺が室町殿へお目にかけた。それで輪光《りんこう》院※内に牢屋を作って、義嗣を監禁した。ところが盗人が忍び込んで、牢屋の格子を切り破った。番人衆がそれを見付けたので、盗人は逃げてしまった。これは義嗣を逃がそうとしたためらしい。それでいよいよ厳しく警戒するようになさった。今後、このようなことがあったら、義嗣を殺害してもよろしいと室町殿足利義持殿はお命じになったそうだ。

※「輪光院」…底本では「臨光院」とあるが、義嗣が殺害された応永二十五年（一四一八）一月二十五日条では「輪光院」とあるので、こちらの表記に従った。

この記事によると義嗣は反乱を企て、また関東における上杉禅秀の謀叛とも結託していたようです。それで輪光院内の牢屋に義嗣を監禁しますが、義嗣を逃がそうという動きもありました。それで、逃げようものなら義嗣を殺害してもよろしいと、義持は厳命します。

その後の一年間、『看聞日記』では義嗣の動静が伺えませんが、翌々年の応永二十五年（一四一八）に事態が動きます。

応永二十五年（一四一八）一月二十五日条

一昨日から京都に出ていた田向経良三位が帰ってきた。彼が言うことには、午前一時※に輪光院が火事になったという。このお寺は、押小路大納言入道足利義嗣が謀叛を起こした後に軟禁されていた場所だったので、大騒ぎになった。諸大名が室町殿御所へ急ぎ集まった。「足利義嗣大納言が自ら放火してどこかに逃げ出そうとしたので、討ち取りました」という報告があった。そしてすぐに義嗣の首を富樫《とがし》の屋敷へ持ち入れ、その後すぐに等持寺へ送られたそうだ。

実際には、秘密裏に室町殿が富樫へ「義嗣を討ち取れ」とお命じになったようだ。それで富樫配下の加賀国守護代の山川某の弟が義嗣の首を取った。そこにいた世捨て人も一人、同じく殺された。殺害の後、輪光院に放火して焼き払ったという。

火事のさなか義嗣の旧宅では、六歳と二歳の男の子たちを母親と乳母が抱きかかえていた。しかし、ここにも押し寄せた軍勢が子供二人を奪い取り、伊勢貞経《さだつね》の屋敷に運び込んだという。平家の末裔六代御前《ろくだいごぜん》が捕まった時も、今回と同じような有様だったのではないかと人々はうわさした。

この二十日に幡《はた》のような雲が大空にひらめいた。陰陽師の安倍晴了に占わせたところ、「戦争が起きる予兆です。室町殿のお心に背く者はすぐに退治なさった方がよろしいです。もしそうしなければ、すぐに兵乱が起きるでしょう」と占った。それで、急いで足利義嗣を殺害なさったらしい。

※「午前一時」…底本では「夜前丑刻」（昨夜の午前一時）とある。これは、二十五日の午前一時ということであろう。

まず、義嗣が輪光院に放火して逃げ出そうとしたので、殺害されたという第一報が、京都から戻ってきた田向経良から入ります。

ところが、室町殿足利義持が富樫に義嗣の暗殺を命じて実行されたという続報が入ってきます。そのさなかに幕府の軍勢が義嗣の旧宅へ押し入り、義嗣の二人の息子を拉致します。ウワサでは平家の末裔六代御前のことが想起されていますので、二人の息子も殺害されたことでしょう。

その後の詳報が、また興味深いです。五日前の一月二十日に、「幡のような白い雲」が空にたなびいたとあります。これは「白虹《はっこう》」のことでしょう。白虹は、中国で内乱が起こる兆候だとされていました（『史記』鄒陽列伝）。その故実を知っていた陰陽師の安倍晴了が、義持に義嗣を殺害すべきであるとほのめかしたようです。

(5) 治仁王の急死

栄仁親王が亡くなり、宮家は第二代当主・治仁王の時代となります。ところが治仁王の治政は突然、頓挫してしまいます。

応永二十四年(一四一七)二月十一日条

新御所様は田向長資朝臣を使いによこして「雨の中、暇なので来てくれ」と仰るので、すぐにお伺いした。長資朝臣はすぐに退出したので、御前には誰もお仕えしている者がいない。ところが、新御所様はとてもご体調がすぐれないようだ。一言、言葉を発せられたが、何を言っているのか聞き取れない。ぼうっとしているご様子だ。

驚いて、すぐに近衛局を呼んだ。今上臈らの面々も走り寄ってきた。女性たちがお背中を抱き支えて、漢方薬の蘇合をお口に入れようとしたが、歯を食いしばったままで飲み込もうとはしない。右の御手足が不自由のご様子なので、中風の発作であることははっきりしている。このところ京に滞在していた田向三位が、ちょうど今戻ってきた。庭田重有・長資朝臣や寿蔵主も駆けつけてきた。皆、驚くばかりで、とても混乱している。

蔵光庵主《ぞうこう》を呼び出したら、すぐにやって来た。蔵光庵主は中風の大発作だと言う。夜中ではあるが、医師の心知客《しんちかく》を呼び出した。しかし、やって来ない。法安寺の良明房《りょうみょうぼう》が呼ばれて、すぐにやって来た。加持祈祷《かぢきとう》をした。しかし新御所様は何もお言葉を発しない。ただ苦しんで気絶されたようだ。午前三時にはとうとうお亡くなりになってしまった。どうしようもない。皆、途方に暮れて、悲しんだ。

伏見宮家二代目当主である新御所治仁王が、急死しました。貞成や蔵光庵主が中風（脳血管障害の症状）だと見立てていますが、医学には素人の私でもこの見立ては正しいのではないかと思います。ところが治仁王の火葬も済ませたあと、なんと貞成が兄を毒殺したのではないかという噂が流れます（二月十八日・二十一日条）。確かに『看聞日記』二月七日条に「風変わりな医者が新御所を診断して良薬を献上した」（現代語訳の要約）とあります。「この医者は貞成・対御方・庭田重有朝臣が差し向けた毒殺者だ」と、宮家近臣からウワサが流されたようです（二月二十一日条）。

その後、後小松上皇と足利義持から、貞成が無実であることが認められました（四月十一日・五月十二日条）。ということで、晴れて貞成が伏見宮家三代目当主となったのでした。

（6）宇治川の船遊び

伏見荘は、宇治川が流れ、いまは見られない巨椋《おぐら》池がある風光明媚な場所でした。父と兄を立て続けに失い当主となった貞成にとって、宇治川の流れは心を洗い清め落ち着かせる一服の清涼剤となったのでした。

応永二十四年（一四一七）六月一日条

さて船遊びをした。田向経良三位が取り仕切った。午後三時、舟津に出て、船に乗った。私・椎野寺主・田向三位・庭田重有朝臣・田向長資朝臣・田向三位の息子である阿賀丸・重有朝臣の息子である慶寿《けいじゅ》丸・寿蔵主、そして村人の小川禅啓・行光・広時ら数人が乗った。宇治川の河上遙か遠くに漕ぎ出させ、漁師に網を打たせて魚を捕った。しかし魚は捕れなかった。簀巻きを沈めてみたが、それでも魚は捕れなかった。珍しいことだ。しかし魚取りの様子は風情があって、目を楽しませた。

土倉※の宝泉《ほうせん》が来た。田向三位が呼んだのだ。宝泉の息子二人と僧侶二人も一緒に来た。一献のお酒を持ってきた。船中で酒宴をして、面白かった。即興の連歌をした。私が第一句を詠んだ。特別に命じて宝泉に第二句を詠ませた。第三句は三位が付けた。

その後、無礼講の酒盛りとなった。音曲や乱舞があった。宝泉の子供たちの舞が上手なのは、天性の才能だろう。三位が盃を傾けた折に、子供たちは上手に舞の袖を翻した。それで三位がご褒美の太刀を父親の宝泉に与えた。そのお返しに宝泉は太刀を長資朝臣に差し上げた。村人たちも乱舞をして楽しんだ。宝泉がこのような席に顔を出すのは初めてのことだ。名誉なことであろう。夜になって、帰った。

お供の者たちや宮家の女性たちに、酒樽をお土産として持たせた。それでまた御所で酒盛りとなった。村人たちも庭で乱舞をした。皆ひどく酔って、それぞれ帰っていった。

※土倉《どそう》…倉庫業者で高利貸し。

兄・治仁王の仏事も一段落して、貞成が三代目の当主となって初めて、宇治川で船遊びをしました。船には、異母弟の椎野寺主や家司たち、それに伏見荘の主だった村人たちも同乗させました。宇治川の上流まで漕ぎ出し、川岸の漁師に網を打たせたり、魚取りの罠である簀巻きを沈めさせますが、魚は全く獲れません。それでも魚取りに様子は風情があると、貞成は上機嫌です。その後、伏見荘の土倉である宝泉とその子供たちが、酒を持参して乗船します。そして即興の連歌を詠み、無礼講の酒盛りで音曲や乱舞を楽しみました。

父と兄が相次いで亡くなり、貞成自身も一時は苦境に追い込まれます。そうした苦難を乗り越えて当主となった貞成としては、とても嬉しく楽しい一日だったと思います。

(7) 石帯「金青玉《こんせいぎょく》」

応永二十四年（一四一七）四月二十八日、室町殿足利義持殿へ宮家の宝物を差し上げるべきだという声が宮家の面々から上がってきました。日記にははっきりと記されていませんが、貞成が三代目宮家当主となることを室町殿が認めてくれたお礼という意味なのでしょう。それで何を送るか話し合った結果、小野道風が執筆した詩経と「金青玉」という銘のある石帯《せきたい》を贈ることになりました。

石帯とは、束帯を着るときに締める黒革製の帯のことです。

応永二十四年四月二十九日条

もう一つは、青瑠璃石の飾りが付いているために、「金青玉」という名が付いている石帯である。さらに、帯本体には銀メッキした方形の石を麻糸で組み込んだ飾りなども付いている。※これらの贈り物に、私の書状を添えて、鹿苑院へ送った。

そもそもこの石帯は、やたらに使うようなものではない。ある記録によると、朝廷の宴会の時、次将役の者が使う石帯だという。またある説によると、天皇誕生日など特別なお祝いの席で用いるものだという。はたまた帛御服※※を着用の時、天皇がこの石帯をお着けになるとも言われているようだ。

この石帯は、先年、故足利義満殿が伏見殿へいらっしゃった折に、崇光上皇が義満殿へ引き出物として差し上げようとされたと聞いている。そのために、今は亡き三条実継内大臣が取り仕切って、石帯本体飾りの銀メッキを新調させなさった。※※※しかしその後、この石帯を贈ることに反対する意見がでてきたので、今に至るまで将軍家へ進上なさらなかった。

そしてその後、宮家の箱の底に大切に保管されていたのである。そのような珍しい品なので、今回、この石帯を足利義持殿へ献上することにした。この石帯は、何かしら足利家にご縁がある品なのだろう。私の代になって献上することになるとは、なにか不思議な巡り合わせである。

※「銀メッキした方形の石を麻糸で組み込んだ飾りなども付いている」…底本には「緽（麻糸）マキ銀組等これ有り」とある。

※※帛御服《はくごふく》…天皇が神事の場に移動する際に着る衣服。井筒雅風「天皇の御装束」（『繊維学会誌』五一巻二号、一九九五年）を参照のこと。

※※※「銀メッキを新調させなさった」…「金青玉」という名称からすると、本来は金メッキだったものを、この時、銀メッキに変えたのかもしれない。

この石帯「金青玉」は、足利義満が崇光上皇に会いに伏見殿へ来た折りに、引き出物として差し上げようとした品でした。ところが金青玉を引き出物にすることを上皇の近臣たちが反対したため、沙汰止みになったという経緯がありました。今回、義持への贈り物を選定する際に、小野道風の書とこの石帯が選ばれた折、このような石帯の履歴を知り、この品は足利家に縁があるものだと貞成は感じます。そしてこの石帯の贈答を通して、祖父である崇光と義満、そして自分と義持という関係性が重ね合わされて、不思議な巡り会わせだと感慨深く思うのでした。

(8) 貴族が経営する旅館

内裏に勤務する貴族たちには本来、いろいろな収入が保証されていました。ところが律令国家が崩壊して以降、貴族は朝廷に依存するだけでは生活を維持するのが困難になります。そのため、いろいろな副業に手を出しますが、ここでは一風変わった副業をご紹介しましょう。

応永二十五年（一四一八）三月三日条

さて今日の明け方、京都で火事があった。北小路通から今出川通まで焼けたという。酒屋から出火したらしい。仏の辻子《ずし》添いを南の方へ延焼していき、衣服寺や相国寺法界門《ほうかいもん》がある一条通の南側まで焼けた。日野資教《すけのり》一位禅門の「御宿」という名の旅宿店や橘知興《たちばなのともおき》朝臣の屋敷など、六町が焼けてしまった。朝廷や上皇御所の近くなので、大騒ぎになったそうだ。大工の源内がやって来て、この火事のことを詳しく話してくれた。岩神あたりも同じように焼けたそうだ。

これは京都でよくある火事の記録ですが、ここには日野資教一位禅門が経営する「御宿」という旅宿店が焼けたとあります。日野資教は権大納言を経て散位《さんに》従一位で引退し入道となった後、准大臣の宣下を受けた立派な貴族です。入道とは、在宅したまま僧になった人のことです。その人が隠居後のことなのかもしれませんが、旅館を経営したというのは興味深いと思いました。どういう人がどのような用件でお客として宿泊したのか、知りたいところです。

(9) 新内侍懐妊疑惑とその顛末

称光天皇の後宮や後小松上皇の後宮では、いろいろな問題や事件が巻き起こりました。その飛び火は貞成にも降りかかります。

①新内侍の懐妊

応永二十五年（一四一八）七月二日条

ところで、今出川公行殿《いまでがわきみゆき》から書状が来た。朝廷の新内侍《しんないし》は、故五辻朝仲宮内卿《いつつじともなかくない》の娘だ。その新内侍が妊娠したそうだ。この新内侍は、喪に服すため、今年の正月に伏見荘内の山田香雲庵にしばらく滞在していたらしい。この新内侍は、勾当内侍長橋局である藤原能子殿の娘である。その関係から、長橋局が娘を香雲庵に預けておいたそうだ。そのため、「新内侍が妊娠した子は私の子ではない」と、称光天皇が仰っているそうだ。この春に新内侍が伏見荘に滞在している間、この御所の誰かが妊娠させたのではないかと疑いがかけられているらしい。「こういう状況なので、お気をつけ下さい」と今出川殿は忠告してくれた。この新内侍は伏見宮家に全く何も連絡してこなかったので、当然の事ながら私も侍臣も事情を説明せよとの命令を受けていない。しかし、あらぬ疑いがかけられる恐れもある。用心、用心。

内裏の新内侍が、母親の勾当内侍長橋局藤原能子の指示で、伏見荘山田香雲庵に滞在していました。どうやらその間に、新内侍が妊娠したようです。その妊娠に対して、称光天皇が「それは私の子ではない」と言い出したところから、騒動になります。貞成をはじめとする伏見宮家御所の誰かが妊娠させたのではないかと疑われ始めました。

②懐妊疑惑の追及

同年七月十四日条

朝早く常宗から手紙で、田向経良三位と庭田重有朝臣に急いで京都へ来るようにとのことだった。私事ではありませんとも申し添えられてあった。それで二人は急いで出発し、夕方に戻ってきた。

彼らが報告することによると、昨夜、広橋兼宣《かねのぶ》が来て常宗に言うことには「昨日、室町殿が鹿苑院にいらっしゃる時、私に仰ることには『新内侍は今春の二月に伏見荘の山田に籠っている時、たびたび伏見宮家に呼ばれて寵愛されたそうじゃないか。また宮家では猿楽※を鑑賞しながらの酒宴もあり、それが乱れた会にもなったとも聞き及んでおる。懐妊したのはこの二月だから、お相手が伏見宮様であるのは間違いないだろうと噂されている。使者を派遣して詳しい事情を尋ねるべきだろうが、まずは内々に広橋からお尋ねしてみなさい』ということだった。

それに対して広橋は『私は伏見宮家とは疎遠でございます。常宗がいろいろと便宜をはかって宮家の取り次ぎをしているようですから、常宗に尋ねさせたらいかがでしょうか』と室町殿にご意見を申し上げた。そうしたら室町殿は『たしかに薬玉などを常宗が取り次いでおった。そうであれば、常宗を通して内々に尋ねさせなさい』と仰せになった」ということだった。また室町殿は「もし伏見宮貞成殿がご存じないということであれば、宮家にお仕えしている者たちをお調べくださいと伏見宮様へお伝えしなさい」とも仰ったそうだ。このことは、後小松上皇様が室町殿へ訴えたことによるものらしい。

以上のような広橋からの伝言を常宗が詳しく話したので、田向三位と重有朝臣の二人は、それは貞成様への全くの言いがかりだということを具体的に話したという。それに対して、「そうであれば、伏見宮様の書状をください。それを明日、室町殿にお見せします」と常宗は返事したそうだ。「それで、急いで伏見に戻ってきたのです」と両人は報告した。とても驚いたし、戸惑うばかりだった。この夕方は盂蘭盆会《うらぼんえ》なので、水などを廻向するはずだったが、お経を読んでいる場合ではなくなった。まずは驚くばかりである。

※猿楽《さるがく》…もともと古代の散楽《さんがく》の系譜を引く物真似芸。この猿楽から室町時代、観阿弥・世阿弥によって能が成立する。この観世座の能も江戸時代まで猿楽と呼ばれ続けており、『看聞日記』に出てくる猿楽もほとんどが観世能を意味すると思われる。なお、この日記に出てくる「風流《ふりゅう》」という言葉は、引き続き物真似（芸）を意味している。

貞成の懸念は現実のものとなりました。室町殿足利義持は、この噂を聞いて、貞成及び宮家御所の者たちに対して調査するよう命じました。

③懐妊疑惑への申し開き

同年七月十五日条

朝早く常宗に書状を出した。詳しいことをかなで書いた。

その内容は多岐に渡るが、要は、かの新内侍は以前も今も伏見宮家へ来たことは一度もない、この世に生を受けて以来、まったく会ったことはないのだから、かえって申し開きをするまでもない、ということだ。また伏見宮家に仕えている者たちも、この春に新内侍がお籠りしている間、彼女とまったく連絡も取っていないし、会ったこともない。これらのことを起請文※の形にして書きますと、皆が言っている。山田香雲庵主に尋ねたところ、「新内侍が籠っていた二十日間は、門外に彼女を出してはおりません。固く警固していたので、まったく間違いはありません」という内容の起請文を書いてくれた。これらのことについては嘘偽りがないことを誓う起請文の形にして、詳しい内容の書面にして送った。

※起請文《きしょうもん》…誓約の書類。その文言に嘘があったり、誓いを破ったりすると、神の罰を受けるなどと記した。虚偽があれば、神の罰を蒙るものとされた。その罰のあらわれとして、鼻血を出すなどの失《しっ》が出るものと考えられていた。

貞成は、自分の潔白を証明しなければなりませんでした。そのため、起請文という誓約書を足利義持に提出します。

④起請文で身の潔白を示す

同年七月十六日条

田向三位と重有朝臣は広橋や常宗のところへ出向いていった。広橋に私の書状と山田香雲庵主の起請文の写などを渡した。山田香雲庵主起請文の底本は常宗のところに提出してある。田向三位・重有・長資ら朝臣にも内々にまずは起請文を書かせた。もし私が新内侍のことを知らないということであれば、伏見宮家に仕える者どもを調べなさいということだったので、彼らにも起請文を書かせたのである。夕方に彼らは戻ってきた。

彼らはまず常宗のところへ行き、すぐに対面して詳しいことを話したという。常宗は、昨日書いた私の書状を夕べ広橋のところへ持っていき、詳しい説明をしたそうだ。そして広橋に今朝のうちに、室町殿にお見せするように言ったそうだ。

「後小松上皇様からの訴えの内容は、『今春に限らず、伏見宮は何度も新内侍を召して寵愛している。猿楽役者の岩頭を召して新内侍に見せるになるなど、あれこれ寵愛している』というものだそうだ。全くもって中傷で、驚くばかりだ」と常宗は語ったそうだ。

新しい証言者の登場です。それは後小松上皇。上皇は「伏見宮は、岩頭の猿楽を新内侍に見せるなどして、あれこれ寵愛している」と語ったそうです。この証言で、貞成は危機に立たされます。

⑤足利義持の対応

同年七月十六日条（続き）

その後、田向三位と重有朝臣の両人は、広橋のところへ向かった。数人が会合していたので、広橋は二人を人のいないところに連れ出して対面したという。「今朝、室町殿に伏見宮様のご書状をお見せしました。室町殿に、私がご書状をお読み申し上げ、またご自身でもお手にとってご書状をご覧になりました。ご書状のなかの、神々を呼び出してその罰を受けてもよいと誓う箇所をご覧になった折に、室町殿はご書状をわざわざ頭の上に頂いて、拝んでおられました。ご書状の内容をお信じになっているご様子でした。またうわさはうそであることを詳しくご説明いたしましたので、室町殿のご不審はまず解けたようです」と広橋は語ったという。このことを内々に詳しく聞き、二人は喜んで、急ぎ伏見へ戻ってきたということだった。

貞成の書状と起請文を見た足利義持は、これを頭上に拝んだそうです。これでまず義持の不審は晴れたといえましょう。

⑥北野天神の加護

同年七月十六日条（続き）

すべては北野天神様のご加護により、疑いが晴れたのだ。これからもいよいよ一生懸命に北野天神を信仰しお祈りしよう。

山田香雲庵主も、庵にお帰りになった。香雲庵主は常宗のところに事情説明に行ったが、会ってはもらえなかったそうだ。常宗は広橋のところにお出かけだというので、広橋のところへ向かったが、広橋のところでも会ってはもらえなかった※という。仕方なく伏見に戻ったそうだ。

※「会ってはもらえなかった」…香雲庵主の新内侍監督不行き届きを、常宗や広橋は暗に批判しているのであろう。

貞成の疑惑が晴れるとともに、その矛先は新内侍を預かっていた香雲庵主の監督責任へと向かいます。

⑦起請文の再提出

同年七月十七日条

北野天満宮へ行光を代参として参詣させた。願書を奉納した。大光明寺へ祈祷するように命じた。明日から祈祷いたしますとの返事だった。蔵光庵・退蔵庵・法安寺・即成院などにも祈祷するよう命じた。夕方になって、広橋から書状が届いた。田向三位・重有朝臣・長資朝臣・山田香雲庵主に対して、牛玉宝印※の裏に起請文を書くようにとの室町殿の命令を伝えた書状であった。私のことについては何も書いてなかったが、室町殿のお考えを推察して、私も北野天満宮の牛玉法印の裏に起請文を書くことにした。その内容は以下のとおりである。

起請文の文面

一、新内侍局は、これまでも、そして現在でも、全く伏見宮家のあばら家には来たことがないこと。

一、新内侍局とともに、猿楽を見たり酒宴などをしたことはないこと。

一、総じて、生まれてこの方、新内侍局と手紙のやりとりをしたこともなく、ましてや会うことなどありえないこと。

これらのことについて、うそ偽りを言ったら、ゝゝゝゝ、よって、起請文は以上のとおりである。

田向三位・重有・長資ら朝臣・香雲庵主の起請文もこれと同じで、若干文章を入れ替えた感じである。牛玉宝印の裏一枚に書いて、氏名と花押をそれぞれ載せることにした。ただし香雲庵主の起請文だけは田向らのものとは別紙の牛玉宝印に書いた。それぞれ回覧して名前と花押を書きつけさせた。末の世の中にありがちなことだとはいっても、※※このような起請文をだすのは悔しいことである。誰かの言いがかりで不名誉なうわさを立てられたことを、我が国の神や仏はきっと憐れんでくれることだろう。いよいよ一生懸命祈祷するように、皆に命じたところである。

勾当局は称光天皇から指弾されて、内裏女房としての生活が絶たれようとしている。しかし、上皇様や室町殿が救いの手を差し伸べてくださっているので、かろうじてそれにおすがりするばかりだそうだ。

椎野寺主が来て、この事件に驚いていた。

※牛玉宝印《ごおうほういん》…寺社から出される、牛玉法印の文字や宝珠などが記された護符。その裏面は起請文を記す用紙とされた。

※※「末の世の中にありがちなことだとはいっても」…底本では「末代といえども質に背かず」とある。

義持は、田向三位・重有朝臣・長資朝臣・山田香雲庵主に対して、牛玉宝印の裏に起請文を書くようにと、命じました。それを聞いて、貞成も改めて起請文を書きました。

⑧御香宮に裸足でお百度参りをする

同年七月十八日条

朝早く御香宮にお参りした。今日から三日間連続でお参りする。そして般若心経を自分一人で千巻読み、裸足でお百度参りをすることに決めた。こうして三日間、誠心誠意お祈りをしよう。田向三位・重有・長資ら朝臣も同参する。法安寺住職が酒樽を一つ持って来た。また惣徳庵主も来た。客人が重なったので、酒宴となった。

（中略）

さて伏見荘の地侍たちに御香宮に千度参り、山田宮と権現にも同じく千度参りの祈祷をするように命じた。私も昨日のように御香宮にお百度参りをした。芳徳庵主が来て、新内侍懐妊の嫌疑を受けた一件に驚いていた。田向三位が常宗に書状を送って尋ねたところ、この一件に関する室町殿のご不審は晴れたそうだ。何も問題はないという。よかった、よかった。

同年七月二十日条

御香宮の神前で、大般若経を略読させた。私も参詣し、三日間のお百度参りも無事終わった。神様もきっと私の願いを受け止めてくれたことであろう。

貞成たちは御香宮へお百度参りをするなど、さらにはっきりと疑惑が晴れるよう、お祈りを続けます。その後、田向経良三位・庭田重有・田向長資らと寿蔵主は、石清水八幡宮へ参詣しにも行っています。

⑨足利義持の対応

同年七月二十二日条

広橋が言ったことを田向が話してくれた。広橋が室町殿へ起請文をお見せしたら、「恐れ多いことだ」と仰って、室町殿ご自身でご覧になろうとはしなかった。それで広橋に読んで聞かせなさいと仰ったので、すぐにお読みした。

「起請文については、伏見宮家に祗候している者たちに命じたつもりだったが、さらに伏見宮ご本人までこのように作成していただき、恐れ多いことだ」と室町殿は仰った。

「このことを上皇様へお知らせしなさい、しっかりと厳しく申し入れるのだぞ」とお命じになった。それで広橋はすぐに上皇御所へ行き、この旨をお伝えしたところ、上皇様はあれこれと言い逃ればかりで、はっきりとしたお返事がない。それで、仕方なくそのまま退出した。そして室町殿の御所へ戻って、上皇御所でのありさまを報告したところ、室町殿は「やはり思った通りだ」とのご返事だった。「この上はもう、この件について何もすることはない」と仰った。まずは問題が解決したといえましょう。おめでとうございますと広橋は申したという。

まずは一安心で、とても喜ばしい。上皇様のことだから、この次、また何かと要求してくることは想定内である。しかし、この先どうなるかについては楽観できない。広橋は、室町殿の御所内の大勢が集まっている広間で、新内侍と上皇様の顚末を皆で雑談して談笑したという。

その後、田向三位は常宗のところへ行き、引き出物のお酒を進めた。常宗はかしこまって、その引き出物を受け取ったという。

足利義持は、真犯人は後小松上皇だと確信したのでしょう。室町殿御所内で、広橋兼宣は新内侍と上皇様の顚末を皆で雑談したそうです。

⑩猿楽役者岩頭の証言

同年七月二十二日条（続き）

さて室町殿は猿楽の役者である岩頭を御所に呼んで、猿楽の演技場所について問いただしたそうだ。岩頭は、「伏見宮様にお目にかかったことは全くありませんし、猿楽をご覧に入れたこともございません」と答えたという。これでまた、さらに室町殿のご不審は晴れたようだ。室町殿のお考えとして、今回の件は全くのいいがかりだとお思いになったことであろう。

足利義持は、猿楽役者の岩頭も尋問しました。岩頭は「伏見宮家へは一度も行っていません」

と回答したそうです。それで、貞成は無実であり、貞成を陥れようとしたのは後小松上皇の策略である事が明白になりました。

⑪藤原能子勾当局の進退

新内侍の母である勾当局の進退について、「今後は召し使わないので、部屋を明け渡しなさい」と、称光天皇陛下や後小松上皇様からご命令があったという。しかし室町殿は、この天皇陛下や上皇様のご命令を、断固としてお認めにはならなかった。勾当局は、故入道北山殿（足利義満）以来、長年お勤めしてきているので、今回の処置はひどすぎると仰ったそうだ。勾当局自身に対しても、滅多なことで部屋を出てはいけないと、室町殿から内々の仰せがあったそうだ。

後小松上皇や称光天皇が、新内侍の母である勾当局を解任する命令をだします。それに対して義持は断固として反対し、勾当内侍の留任を指示しました。これで一連の騒動は、足利義持の強い指導力のもとで終息したといえるでしょう。その後、貞成たちは丁寧に神々へのお礼参りをしました。

(10) 斯波義教《しばよしのり》の死

中世の武士というと荒々しい面ばかりが注目されますが、信心深く穏やかな武士もいました。貞成は、見習うべき領主像として、そのような人物にも光を当てています。

応永二十五年(一四一八)八月十八日条

斯波義教勘解由小路《かげゆこうじ》右兵衛督が今日の午後三時に亡くなったそうだ。世のため、人のためにも、穏やかな人柄だった。もっとも惜しい人を亡くしたものだ。昨日、室町殿が斯波家の屋敷にお入りになった。斯波義教が跡継ぎのことなどを遺言したので、その場ですぐに室町殿は所領継承の承認書に花押をお書きになったそうだ。(中略)

同年八月十九日条

聞くところによると、斯波義教右兵衛督の臨終の際、死に際を悟り正座し合掌しながら往生したそうだ。大勢の人々が群れ集まって、その様子を拝んだという。室町殿も斯波家の屋敷においで間近でご覧になったらしい。斯波義教の遺体は、嵯峨野の法音院に土葬した。遺言により、そのように葬ったのだそうだ。

越前国などの守護大名を務めた斯波義教が、亡くなりました。享年四十八歳。管領も務めた実力者でしたが、晩年は足利義持の怒りを買い高野山に蟄居したこともありました。ただ穏やかな人柄で、周囲からも惜しまれた人物のようです。貞成もその死を惜しんでいます。死に際、合掌しながら正座したまま、亡くなりました。その様子を義持も間近に見ていたそうです。

(11) 宮家の女性たちの呼び名を改める

内裏や親王家、摂関家に仕える女性（女房）については、まだまだ研究が行き届かない点が少なくありません。勤務年数が一定期間経つと、女房はその候名《さぶらいな》（局名《つぼねな》）を改めるという習慣がありました。そのため、長期間にわたって女房を追跡し研究するのが容易ではありません。その女房の名前が変わる瞬間に立ち合ってみましょう。

応永二十六年（一四一九）一月十日条

さて今出川公行・綾小路信俊《あやのこうじのぶとし》前参議・田向経良三位・源朝臣※らと相談して、今日、宮家の女性たちに付ける新しい呼び名を決めた。対御方《たいのおんかた》は「東御方」と改名した。近衛局は「廊《ろう》御方」と改名した。故庭田経有《つねあり》朝臣の娘で、新参者である私の妻には、「二条」と名を付けた。これらの呼び名のことを田向三位から宮家の皆々に示した。

近衛局を「廊御方」と呼ぶことにしたのだが、「廊御方」というのはとても上等すぎる呼び名である。しかし近衛局は父と私の二代の当主にわたり、長年、伏見宮家に仕えてきた。忠心から宮家へ尽くした功労に感謝してもしきれないので、「廊御方」と改名したのである。それに皆もこの改名に同意したので、このように決定したのである。

今参は、細々と生前の父の世話をしてくれたので、上臈と名付けた。それで、兄・治仁王の妻であった今上臈は只上臈《ただじょうろう》と呼ぶことにした。

※「源朝臣ら」…前後の関係から宇多源氏である庭田重有朝臣・田向長資朝臣らのことであろう。

父や兄の死と当主三代目就任、そして昨年の新内侍懐妊疑惑事件を乗り越えて、応永二十六年の正月も落ち着いたこの日に、貞成は近臣の家司たちと相談して、三代目当主として初めて女房たちの候名を改めました。候名は局名ともいい、高貴な家に仕える女房たちの呼び名のことです。対御方は東御方へ、近衛局は廊御方へ、そして貞成の妻である今参は二条（局）と改名しました。このなかで廊御方は上等すぎる呼び名ですが、彼女の栄仁・貞成二代にわたる功労に感謝して、この呼び名を与えたと説明しています。また生前の栄仁によく尽くしてくれた今参を上臈に改めました。それに連動して、亡き治仁王の妻である今上臈を只上臈としました。

内裏や宮家などの女房の呼び名はこのように改まっていくので、そのあり方を研究することは容易ではありません。とはいえ、近年次第に研究が積み重なっているので、今後の動向に期待しています。

(12) 十四歳新参の侍女

貞成はいつも、宮家の人手不足を歎いています。宮家に奉仕する人々は、どのようにしてリクルートされてくるのでしょうか。

応永二十六年（一四一九）二月二十九日条

十四歳になる新参者の少女が、初めて宮家にやって来た。宮家が人手不足なので、田向三位が推薦してきた者である。田向三位の妻である芝殿が、その子を連れてきた。高土佐守の親類の子だそうだ。雑用係の端女《はしため》として雇用することにした。

宮家に仕える女性は、女房だけではありません。その女房の下に官女や端女と呼ばれる侍女もいました。官女は女房の世話をする係で、端女は女房・官女の下で掃除・洗濯などの雑用をしました。ここでは、宮家の家司である田向家が高土佐守の親類である十四歳の娘を連れて来ました。このようなツテで、侍女が雇用されていた実態が見えてきます。

(13) 後小松上皇次男・小川宮の酒乱騒動

後小松上皇や称光天皇に負けず劣らず、上皇の次男・天皇の弟である小川宮も、とても個性的な人物だったようです。

応永二十七年（一四二〇）一月五日条

さて去る三日夜、後小松上皇様がお薬を飲みはじめようとした時分に、上皇様の次男である小川宮が酒に酔って取り乱した行動をなさったそうだ。小川宮は、妹のお稚児さんを足で踏みつけた。その場にいた二位殿ら上皇御所の男女が小川宮を取り押さえた。この騒動で皆が泣き出して、ひどい状況になったそうだ。上皇様がひどくお怒りで、小川宮を咎《とが》めなさった。

それですぐに小川宮は逃げ出して、上皇御所の下級職員の家にお入りになった。その後、日野資教一位禅門の屋敷に入ったそうだ。男女の性愛に関することが、今回のもめ事の発端らしい。年の初めから不吉なことだ。いずれにせよ不思議な出来事である。

後小松上皇の次男である小川宮は、ずいぶん風変わりな皇族だったようです。その小川宮のエピソードの一つが、この正月三日の酒乱騒動です。酒に酔った小川宮が妹を踏みつけにして、上皇御所から逃げ出します。男女の性愛に関するもめ事がこの騒動の原因だと貞成は記していますが、残念ながら詳しいことは分かりません。

⒁青蓮院主《しょうれんいんしゅ》（のちの足利義教）と摂津猿楽の恵波《けいは》

室町中期の門跡寺院である青蓮院には、足利義持の弟が院主を務めていました。その青蓮院主は、猿楽の役者である恵波という美少年の追っかけをしていました。

①摂津国猿楽の恵波と青蓮院主

応永二十七年（一四二〇）三月九日条

さて明日は定例の御香宮神事の猿楽がある。楽頭の矢田は困窮しているので、摂津国猿楽の恵波に楽頭職を売ってしまったそうだ。

ところで青蓮院から山井景勝・豊原村秋が使者として伏見にやって来た。青蓮院主がお忍びで御香宮神事猿楽を見物なさりたいと、田向三位に連絡してきたのだ。この恵波を青蓮院主はご寵愛なさっているという。それで、どこで猿楽を演じるときも、事前に連絡するよう、兼ねてから約束していたそうだ。

面倒なことではあるが、差し支えがあると断るわけにもいかないので、ご見物なさるのに問題ありませんと返事した。青蓮院主のために一献の酒宴をするように準備させた。

三月十日、恒例の御香宮神事猿楽で楽頭の矢田は、摂津猿楽の恵波に御香宮楽頭職を売ってしまいました。それで神事猿楽を恵波が勤めることになったのですが、それにとんでもないおまけが付いてきました。比叡山延暦寺の門跡である青蓮院の院主が、この恵波を寵愛していて、明日の猿楽を御香宮でご覧になりたいというのです。貞成はあからさまに面倒なことだと嫌がっていますが、表向きは快諾して饗応することにしました。言うまでもなく青蓮院主と恵波との関係は、男色《なんしょく》に他なりません。

②青蓮院主の猿楽見物

同年三月十日条

朝早く青蓮院主が伏見にいらっしゃった。まず指月庵で御休息なさった。院主には、稚児一人と赤松・広瀬がお供していた。山井景勝・豊原村秋も一緒に来ていた。

開始時刻になって、院主は見物席にお入りになった。阿弥陀堂を見物席にした。田向三位・長資朝臣も見物席に入った。周郷・正真と稚児の聖乗も同じく入った。田向三位が一献の酒宴を用意した。それに対して、お褒めの言葉があったそうだ。

猿楽が上演されている間に、数献の酒宴となった。とてもお喜びのご様子だったという。慶寿丸・宝泉の子という二人の稚児を呼び出されて、酒をお与えになった。

猿楽が五番終わってから、お帰りになった。猿楽の役者恵波も連れ帰られた。今夜もまた、青蓮院門跡で猿楽を演じさせるそうだ。田向三位の子である稚児にも、一緒に行こうと院主は頻りにお誘いなさったが、差し障りがありますと言って行かなかったそうだ。

御香宮神事猿楽の後、青蓮院主は恵波をお寺に連れ帰りました。また田向経良三位の息子である稚児にも声をかけましたが、稚児はその誘いを断ったようです。青蓮院主は、田向経良の息子である稚児も気に入ったようですね。

③昨晩の青蓮院門跡の様子

同年三月十一日条

朝早く田向三位が青蓮院へ出かけた。御太刀を持参させて、私からの言付けを伝えさせた。「ちょうどいい機会でしたのでなんとかお会いしたいと思っておりましたが、早速のお帰りにて残念でした。今後お目にかかれればと存じます」と伝えさせた。前夜、猿楽を見て、一晩中大酒を飲んでいたので、院主は深酔いして寝ていたそうだ。それで対面できなかった。中納言法印が取り次ぎ役だった。

中納言法印は、「昨日のことを院主様はお喜びで、いろいろとお話しなさっていました。お言付けのお返事をしっかりと承っておきます。今日も猿楽見物を予定していましたが、二日酔いなので中止となりました」と言ったそうだ。

また次のようにも話したそうだ。「昨日、当方は一献の酒宴も用意していませんでしたので、伏見宮様が直々に見物席へお越しになられなかったのはむしろありがたいことでした。御香宮猿楽は五番演じられて、神事も無事終わり、おめでたいことでございました。また青蓮院においても昨夜、猿楽が演じられました。それで、猿楽の役者恵波には三十貫文の褒美を院主様はお与えになりました。また大名の一色や赤松も同席していました。彼らもそれぞれが小袖や単衣などを脱いで、恵波に与えていました。恵波は多くのご褒美をいただいたのです」。

十日夜もお寺に帰ってから青蓮院主はお酒を飲みながら、恵波の猿楽を見物していました。その場に守護大名の一色や赤松も同席していたことからも伺えますが、先にも述べましたが、この青蓮院主は足利義持の弟で、のちに第六代将軍足利義教となる人です。この青蓮院主時代からの稚児性愛の性癖は将軍になってからも続き、ひいてはそれが嘉吉の乱で暗殺される原因ともなったのでした。

⑮伏見宮家女房の逃亡

先だって、新しい女房がどうやってリクルートされ生まれてきたかを見てきました。今回はそれに続き、どのように女房をやめるのかを見てみましょう。現役のままでの死去はもちろんのことですが、隠居・出家以外の方法で女房の職から離れる者もいました。

応永二十七年（一四二〇）六月九日条

さて新参女房の小今参《こいままいり》が今日、宮家を出て行った。去年、出仕し始めたばかりの者である。宮家が経済的に苦しいので、たいしたお給料も出せなかった。それで、「母が来るので少しの間、会いに行きます」と言って出て行ったきり、そのまま宮家を逃げ出してしまった。よろしくない事だ。宮家は経済的に苦しいので逃げ出されてしまったことは、仕方のないことである。

一番若く新参の女房である小今参が、「実家の母が少しの間、伏見荘に来るので、会いに行きます」と言って出ていったきり、帰ってきませんでした。宮家は経済的に苦しいので、小今参には領地はおろか、給金もろくに払っていなかったようです。もちろん宮家が実家に連絡して宮家へ戻すという方法もあるはずですが、給金がたいして支払えていないことを世間に暴露するようなことにもなりますので、逃げた女房を深追いしなかったのでしょう。伏見宮家の経済的苦境が滲《にじ》み出た一件でした。

(16) 貞成、九条満教関白に伏見荘内の石橋を贈与する

中世の領主にとって、立派な庭園を造ることは大事な仕事でした。そのために各地にどのような庭石や石橋があるかなどという点については、相互によく観察していたようです。

応永二十八年（一四二一）三月二日条

さて九条満教関白から書状が届いた。唐橋在豊朝臣がこの書状を持って、使者としてやって来た。伏見荘の丸目池に橋が架かっている。この橋をいただきたいという内容の書状だった。室町殿足利義持殿が九条家に来臨されるので、前庭の池庭を飾るには石橋が重要であるとのことだ。とりあえずご返事は改めてこちらから申しますと言って、唐橋を帰らせた。

このような橋があるのかどうかさえ、私は知らなかった。それで小川禅啓に尋ねたところ、

その池に確かに橋はありますとのことだった。九条家は古くから特別な誼《よしみ》のある間柄なので、石橋を差し上げるのに何の問題もない。それに九条満教関白からの書状がこれが初めての事でもある。

九条満教は礼節を心得ていて、私への手紙に「恐惶謹言」と書き止めをし、宛名には「人々御中」と添えられていた。さて関白家への返事は、どのような書札礼《しょさつれい》で書き送ったらいいものやら。私は知らないので、皆と相談した。

関白の九条満教《みつのり》から「伏見荘丸目池に架かっている石橋が欲しい」との書状が届きました。貞成は自分の領地にそのような橋が架かっていることすら知らず、政所職《まんどころ》の小川禅啓に尋ねます。それで、丸目橋が実在することを知り早速、満教に贈呈することにしました。

ところで満教は貞成に対して、とても丁寧な書札礼で書状を出しました。書札礼とは、身分の上下にあわせて書状に書き付ける礼法のことです。この時期は『弘安礼節《こうあんれいせつ》』という書札礼のお手本書があって、それに基づいて書状をだす習わしになっています。ところが貞成のように位階も官職もない王（親王の子）が、政治家など上流階級と交際することを同書では想定していないので、有職故実に詳しい人に指導を仰ぎながら書状を書くことになっていきます。

同年三月三日条

さて九条関白へのお返事を、長資朝臣を使者として送った。石橋を差し上げることに問題はありません。どうぞお使い下さいと返事をした。問題の書札礼だが、書き止めは「恐々謹言」で、差出人として私の名前を直接書いた。

宮家の皆と相談したら、書札礼についての意見はまちまちだった。書き止めは「恐惶《きょうこう》」だけにした方がいいという意見もあった。親王と大臣は同格の礼にすべきだというのである。

しかし私のように官位のない皇族としては、関白に対して「恐惶謹言」がいいのではないかという意見もあった。

それぞれの言い分はもっともであるが、私としてはただ「恐々謹言」と書くことにした。後からどのような非難があるだろうか。書札礼に詳しい人に尋ねてみたいものである。

九条満教関白への返事をどのように書くか、早速、いろいろな意見がでてきました。親王と大臣は同格だという異見がありましたが、貞成はまだ親王ではなく、官位もありません。それで貞成は、書止を「恐惶謹言」よりもやや簡略な「恐々謹言」にして、実名《じつみょう》を書きました。関白とはほぼ同格であるが、王であっても皇族の威厳を示したというところでしょうか。

ところが、養父である今出川公行は、貞成のこの対応について批判します。

同年三月五日条

さて関白に対する書札礼について今出川公行前左大臣に尋ねたところ、「恐々謹言」ではへりくだり過ぎだそうだ。ただ「穴賢《あなかしこ》」と書き止めて、お名前を書くだけで十分と存じますという。「恐惶」などと書き止めるなど、以ての外だということらしい。皇族の最末端の方々のことならいざ知らず、この伏見宮家御所などは無官であろうがなかろうが関係なく、親王家としてのプライドをお持ち下さいと叱られた。公行の意見はもっともなことだと納得した。私が軽はずみで「恐々謹言」と書いてしまった。およそ親王家の大臣に対する書札礼は「穴賢」と「名前」だけでいいようだ。今後のために記録しておく。

「無官であっても伏見宮家は親王家なので、そのプライドをお持ち下さい」と、今出川公行は貞成を叱責した。それで貞成は反省し、今後は「穴賢」と書き止めて実名を書こうと心に決めたのでした。

(17) 中世の領主と男色

(14)でも観察しましたが、男色というのは単なる同性愛ではなく、バイセクシャルな領主が未成年男子を愛することでした。また魅力的な児童を引き連れていることは、領主の威厳を示す一端でもあったようです。

応永二十九年（一四二二）三月十九日条

稚児の洪得を引き留めて、皆で乱碁※を拾うなどして遊んだ。その後、椎野と蔭蔵主がクジを引いた。椎野には洪得、蔭蔵主には同じく稚児の聖乗が当たった。それぞれのカップルが今夜、寝所を共にするという。

私は男色《なんしょく》に関して才能がないので、この奪い合いには参加しなかった。よろしくないことだ。

※乱碁《らんご》…碁石を指先につけて拾い取り、その多少によって勝負を争う遊戯。中世の賭博によく用いられた。

花見のついでに、椎野（貞成の異母弟で僧侶）と蔭蔵主《いんぞうす》（臨済宗の僧侶）がクジを引いて、今晩のお相手となるお稚児さんを決めました。この伏見宮の当主である貞成は、このクジ引きには参加しませんでした。

僧と稚児の男色。これはよくある関係です。この記事で興味深いのはむしろ、中世の皇族である伏見宮貞成の自分自身に関する自省の言葉ではないでしょうか。

「私は男色に関して才能がない」、底本では「予、非道に才学なし」とある。非道は男色のことで、男色はいうまでもなく同性愛ですね。ただしホモセクシャルやゲイとは違い、前近代日本の場合、中性的な稚児への愛が一般的です。

貞成は稚児を愛さない、いや愛せない。貞成は女性に関しても一途で、妻の庭田幸子、一本槍。妾もいません。

そして貞成の自省の言葉にある「よろしくない」とは、底本では「比興」という表現です。比興にはいくつかの意味がありますが、ここでは「不都合である」というニュアンスが強いのではないかと思います。「中世の領主として男色に興味関心がないのは、不都合でよろしくない」という感じでしょうか。

中世の領主として、男色の一つも嗜まないのは、領主としての品格に欠けるという貞成の思いが込められているように思います。現代ではいささか理解しがたい感覚ですね。

とはいいながら、次のような記述もみられます（同年三月二十四日条）。


ところで、椎野寺主がまた稚児の洪得を呼び出している。この稚児にひどく血迷っているようだ。十種香で遊んだ後、二人で共寝していった。よろしくないことだ。

貞成の価値観からすると、僧侶が男色にのめり込むのもよろしくないということのようです。貞成の心の奥深くには、男色という行為に対する嫌悪感があったのかもしれません。

（18）若き日の貞成の祈願

貞成が若い日にどのような思いで過ごしていたのかがわかる史料は、ほとんどありません。貞成自身もほとんど青春時代の自分を語りません。そのなかで、珍しく若い頃の思い出を語る場面がありました。

応永二十九年（一四二二）九月三十日条

ところで、綾小路前参議が書状を送ってきた。綾小路の娘であろうか、同家の女性が去る二十一日の明け方に見た夢を、一枚の紙に書いて知らせてきた。私が今出川家に寄宿していた時、同家の敷地内にある小さな神社に願い事をしたことがあった。その願いがまだ果たされていないことを伏見殿へ急いで申し入れなさいという内容の夢だったそうだ。

この祈願の内容は忘れてしまって、まったく思い出せない。しかし私がその神様に願い事をしたというのは、実際にあったことである。私の出処進退が困難な局面にあった時に、願い事をした。今となっては詳しいことは忘れてしまったが、私の進退がきわまっていたことは事実である。不思議な夢だ。

その時の願いは既に果たし遂げられましたと急いで返事をした。不思議な夢見だが、神様の思し召しというものは恐ろしい限りである。

京に住む外様家司の綾小路信俊が書状を送ってきます。それによると、綾小路家の女性が夢で「貞成王が今出川家へ寄宿していた折に同家の小社に願いがまだ果たされていないことを急いで伏見宮家へ申し入れなさい」というお告げをもらったとのことでした。原文では分かりづらいですが、夢想の後半部分は「貞成の願いは既に果たされたのに、そのお礼参りをまだしていないのはよろしくないと伏見宮家へ申し入れなさい」という意味でしょう。

貞成は若い日に、「自分の窮まった進退を乗り越えるべく祈願して、祈願が成就した暁にはお礼を申し上げます」と、寄宿先の今出川家の屋敷神にお祈りしたのでしょう。それが既に成就したのに、お礼参りをしないのはけしからぬことだと小社の神は怒っているわけです。

若き日の貞成が出処進退窮まったというのは、いったいどういうことだったのでしょうか。位階もなく官職もなく領地も乏しい親王家の次男の辿る進退とはただ一つ、出家することだったと思います。父親の栄仁親王は貞成に度々、出家するよう諭していたのでしょう。それが三十代を過ぎ四十代を越えても動こうとしない貞成に、栄仁は気が気でなかったと思います。とうとう最後通告のような命令を父から受けて、貞成は「どうか出家しないで済みますように」と、今出川家の小社に祈ったのではないでしょうか。

そして貞成は「その願いは確かに果たし遂げられました」と綾小路に返信しています。それに「神様の思し召しは恐ろしい」とおののく貞成ですから、きっと今出川家の小社にもお供え物を送ったに違いありません。

(19) 下馬しない土民

中世社会では、領主に対して領民は馬から下りて拝礼するという習慣があったようです。しかしそれは領主と領民という関係があってこそのものだったようです。高貴そうな人であっても、土民だからといって必ずしも拝礼はしない。中世の土民には、近世の民衆とは違う自尊心があったのかもしれません。

応永三十一年（一四二四）三月一日条

「良い兆しがあり、すべての事がめでたい」と予祝した。その後、野遊びに出た。先日の文字合わせで私が負けた。その負け態《まわざ》（罰ゲームの一種）で野遊びと酒宴の用意をした。田向前参議・重有朝臣・長資朝臣・慶寿丸・寿蔵主・梵祐を連れて行った。三栖《みす》あたりでとてもたくさんの土筆《つくし》が採れて、楽しかった。

帰り道、村人一人と出会った。馬に乗っているので、下馬しなさいと命じた。ところが、頑として下馬しない。私はとても腹が立った。それをみて、連れていた村の若者たちが、その男を馬から引きずり降ろして、殴ろうとした。しかし、それではやり過ぎなので、若者たちを制止して、その男を追いやった。

土筆を採って帰って、すぐに一献の酒宴をした。負け態をしっかりと勤めたのである。とても面白かった。その後、みんなで雀《すずめ》の小弓《こゆみ》（遊戯用の小さな弓）を射て遊んだ。

春の野遊びで土筆採りをした帰り道、貞成の一行は馬に乗っている民衆に出会いました。貞成が下馬するように命じても、頑として馬から下りません。貞成のお供をしていた村の若者たちはその男を馬から引きずり降ろして殴ろうとします。さすがにそれはやり過ぎなので、その男を追いやりました。日記にはただ「追いやった」とだけありますが、馬から引きずり降ろして、男だけを追いやったのでしょう。この村人はたぶん伏見荘の者ではないのでしょう。それで相手が領主かどうかは分からず、頑固に下馬の礼をとらなかったように思います。別の領主の支配下にある村人は、相手が皇族といっても、軽んじていた一面が伺えます。

(20) 天狗になった天皇

中世の王や領主であっても、必ずしも思い通りの人生を歩んだわけではありません。不遇の人生を歩んだ王は、死後にどうなったのでしょうか。

応永三十二年（一四二五）四月二十二日は後円融上皇（南北朝の合一をした天皇）の仏事として行われた宸筆御八講の初日でした。宸筆御八講とは、後円融上皇直筆書写の法華経を供養する法会です。

ところがこの日、内裏近くで火事が発生します。このことに関して、次のように書かれています（二十二日の出来事ですが、二十三日条に記載されています）。

応永三十二年四月二十三日条

後円融院は天狗にお成りになったので、御仏事中に火事があるだろうと、前々から京都の町々で噂になっていた。

後円融上皇は足利義満に実権を奪われ、さらにはお后も義満と密通しているのではと疑い神経衰弱になっていました。そして、持仏堂に籠もって自殺未遂までしています。いくら幕府を恨みに思っているとはいえ、自分のために行われている法会の最中に、天狗となって暴れなくてもいいのにと思います。

ちなみに後白河法皇も、源頼朝から「日本一の大天狗」と悪口を言われていました（『吾妻鏡』文治元年（一一八五）十一月十五日条）。

(21) 上皇御所女房・女官の密通と後小松上皇の大法《たいほう》

後小松上皇は、侍臣や女房たちに厳しく当たる主君だったようです。その一例が、上皇御所後宮のあり方にも表れているようです。

応永三十一年（一四二四）、後小松上皇御所で、上皇に仕える女房や女官の密通事件が頻発します。

同年五月六日条

ただいま聞いたところによると、後小松上皇様にお仕えしている女房の大納言典侍殿が逃げ出したそうだ。大納言典侍殿は故甘露寺兼長《かんろじかねなが》大納言の娘である。土岐世安《ときよやす》との密通が明らかになったためだそうだ。ただし本当にそれが理由かどうかは、はっきりしない。世安のことを上皇様が室町殿へお訴えになったので、世安も逃げ出したそうだ。それで、室町殿は土岐持益美濃守護に世安の討伐をお命じになったようだ。世安は土岐家の惣領で、伊勢守護である。このようなことで失脚するとは、かわいそうなことだ。

同年五月七日条

聞いたところによると、大納言典侍は妊娠していたそうだ。日野資教一位禅門以下の上皇様近くに仕える者たちは、起請文（本書「一（9）③懐妊疑惑への申し開き」参照）を書かされたという。ただし、やはり世安と密通したのだろうか。実際のところは、よく分からない。

大納言典侍は逃げ出していたが、さまざまに捜索が行われて、見つけ出された。それで今は、ある人に預け置かれているようだ。

後小松上皇女房の大納言典侍が土岐世安伊勢守護と密通していました。実際に密通していたかどうかは分かりませんが、二人とも逃亡しています。大納言典侍は翌日に見つけだされて、第三者に預け置かれました。『看聞日記』には記載がありませんが、土岐世安は伊勢守護を解任されています。ただし大納言典侍の密通相手は土岐世安ではなく、実際の密通相手であった公家貴族の橘知興は髻《もとどり》を切って逃亡します。

そしてこの後も、後小松上皇御所の後宮では侍臣と女房・女官との密通が次々にみつかっていきます（五月八日条）。

台所別当…密通相手は土岐世安でした。五月九日条。

右衛門佐…密通相手は公家の中山有親、土岐世安、上皇御所召次（院庁下級職員）の幸末佐でした。ただ幸末佐は上皇の男色相手であったためか、後小松上皇は許しています。

このような状況なので、後小松上皇は御所に出入りしている近臣の公家たちに起請文を書かせます。

同年五月十二日条

例の上皇御所女房の乱倫の件で、上皇御所に仕えている女房たち全員に対して調査がおこなわれたそうだ。

それに伴って、公卿や殿上人がほぼ十人ずつ組になって、起請文を書かされたそうだ。そして三日間、上皇御所の殿上に軟禁されて、起請文に背いた徴候が現れないかどうか見守られたそうだ。

その後しばらくは平穏な日々が続きますが、六年後の永享二年（一四三〇）、また密通事件がおこります。

永享二年五月十一日条

上皇御所の女性、日野盛光《もりみつ》中納言の娘である一条局が妊娠したそうだ。これは、正親町三条実雅中将が犯した結果だ。この件を上皇様が室町殿へ訴えなさった。（中略）

後小松上皇様のご意向としてはなおもってお許しになっておらず、とてもご立腹だそうだ。（中略）

今後は堅くこのような件は戒めると、上皇様は仰ったそうだ。その大法をご直筆でお書きになった。諸々の公卿・殿上人・医者や陰陽師に限らず、年寄や若者に対してもこの戒めをお伝えなさった。そして面々からこの命令を遵守しますとの誓約書を出させるようにと、広橋親光《ちかみつ》中納言を事務取扱者としてご命令になった。（中略）

その直筆のご命令書は以下の通りだ。

朝廷や上皇御所に勤める女性を犯した者は身分の上下を問わず、処罰する事

一島流しの事

一領地を没収し、またはその領地を所縁のある者に返し、あるいは都合の良い者へ宛行う事

たとえ身分の低い役の女性であっても、それを犯した者に対しては同じように領地を没収する処罰をする
永享二年五月七日

またしても上皇御所の女房一条局が正親町三条実雅と密通して妊娠した。ただし室町殿足利義教の取り成しで、実雅を仕方なく許します。それでも激怒して気が収まらない後小松上皇は、直筆で異例の大法を書いて発布しました。これに対して、貞成は次のような感想を述べています。

朝廷や上皇御所にお仕えしていない、この伏見宮家御所の人間に対してまでも、答申（大法を遵守するという誓約）をお命じになるとは、理解に苦しむところである。およそ前代未聞の厳しい法である（五月十一日条）。

後小松上皇の異常なまでの凄まじい怒りが、ひしひしと伝わってきます。

(22) 室町将軍の「あれ」

永享二年（一四三〇）閏十一月から十二月にかけて貞成は、宮家に将軍足利義教を招き入れる準備で大童でした。あらかじめ幕府から、将軍を迎え入れるための増改築や内装替えなどが指示され

ていました。その一環として、次のような記事がでてきます。

同年閏十一月十六日条

ところで、「御間中」を建てた。室町殿がお渡りになるところには、「御間中」を新築するものらしい。それで建てたのである。

同年十二月十九日条

客殿の座敷を整えた。（中略）西向の四間に屏風二双を立て、茶の湯を立てる道具を置き、室町殿の御休息所とした。西塀のきわに「御間中」を一宇立て、また殿上の四間に屏風一双を立てた。これをお供の殿上人たちの控え所とした。

この「御間中」とは、いったい何なのでしょうか。醍醐寺三宝院の院主である満済准后の日記には、次のような記載があります。

内裏様（称光天皇）は、またご病気だという。今日の明け方午前三時より御間中《マナカ》〈東司のことなり〉にいらっしゃりゃり、急に気絶なさったらしい。今日〈二十八日〉午前七時まで御間中にいらっしゃったそうだ（満済准后日記応永三十三年（一四二六）七月十八日条、現代語訳）。

御間中の割注にある東司《とうす》とは、寺僧の言葉で便所のことです。ということは、御間中は「御便所」ということになります。

この記事が称光天皇の病気に関するものであることや、真言宗の高僧である醍醐寺三宝院満済も「御間中」の意味が分からず、「マナカ」というルビや「東司のことなり」という割注を付けています。高僧も知らない言葉であるところから、御間中は女房詞（内裏御所に勤務する女房たちの隠語）ではないかと考えました。そこで『時代別国語大辞典』室町時代編五（三省堂）をみたら、「まなか（間半）」の項があり、「御まなか」の言い方で「便所」を表す女房詞であると書かれていました。幕府将軍の施設に関する呼称に、女房詞が使われているというのは、興味深いことですね。

女房詞の「まなか」がなぜ「便所」を意味するのかについては、『時代別国語大辞典』にも書かれていませんでした。ただ同辞典に「まなか」の第一義が「半畳・半間」すなわち「畳半分の広さ」であると記されている点に、ヒントがあるようです。たぶん便所が「畳半分の広さ」なので、「まなか（間半・間中）」が便所の女房詞ともなったのではないでしょうか。

この記事を読んでいて、山川三千子の『女官――明治宮中出仕の記――』（講談社学術文庫、二〇一六年）の記述を思い出しました。明治天皇が観劇に行幸する際、あらかじめその劇場に明治天皇専用のトイレを新築したと記されていました。たぶん、誰かが既に使用したトイレを使って天皇や将軍が穢れてはいけないという配慮だったのでしょうね。

(23)美物の鮒鮨《ふなずし》の荒巻・鮎鮨《あゆずし》・酒浸《さかびたし》・貝のあわ・さいり、そして酒樽

永享二年(一四三〇)四月二十九日、将軍足利義教が後花園天皇の即位式の後、伏見宮貞成に贈った美物(ご馳走)の一覧です(同日条)。

一献分の目録

酒樽三十・鯉三匹・鯛五匹・いるか一折り・鱒《ます》二匹・鰆《さわら》三匹・鮒鮨《ふなずし》の荒巻《あらまき》二つ・鮎の鮨五桶・酒浸《さかびて》五桶・貝のあわ一折り・バイ貝一折り・サザエ一折り・さいり一折り、以上。いろいろ沢山の品々に驚くばかりである。聞くところによると、室町殿は天皇陛下に酒樽二十荷、上皇様へ酒樽三十荷、二条持基摂政に酒樽二十荷をそれぞれ贈られたそうだ。

現代人には聞き慣れないご馳走が並んでいます。そして鮒鮨《ふなずし》とは、鮒の熟《な》れ鮨《ずし》のことです。現在でも琵琶湖では、ニゴロブナの熟れ鮨が名産です。荒巻は、魚に塩を振って荒縄で巻く保存法。鮒鮨はもともと米と塩で発酵させたものなので、米・塩を付けたままの鮒を荒縄で巻いて保存したのであろう。鮎の鮨も、鮎の熟れ鮨でしょう。以前、鮒鮨とともに鮎の熟れ寿司を滋賀県で食べたことがあります。

「酒浸」は魚・鳥などの肉や野菜を、塩を加えた酒に浸した料理のことです。

「貝のあわ」は「あわ」という貝ということで、カラス貝の異称だそうです。なお、「一折《ひとお》り」というのは折詰《おりづめ》一つという意味です。

「さいり」は秋刀魚《さんま》のことです。これは、簗瀬大輔氏のご教示によります。

最後に酒樽がみえますが、これは四角形の陶器に酒を入れた物です。木の曲げ物で樽が作られるのは、江戸時代からです。

そして樽に入っているお酒は、現在でいうところの「どぶろく」です。史料上には「どぶろく」を濾《こ》した清酒もみられますが、希です。

なお当時はまだ「火入れ（加熱殺菌）」の技術がありませんでしたから、もらったお酒はすぐに飲まないと、お酢になってしまいます。

㉔専制君主への忖度《そんたく》

専制君主であった将軍・足利義教。義教の周囲にいた人々は、その人となりにそうとう怯《おび》えていたようです。

永享三年（一四三一）三月二四日条

将軍足利義教にとって不本意な後小松上皇の出家が強行された。それで足利義教は神経質になっている。その時、伝奏《てんそう》（連絡役）の勧修寺経成中納言が上皇にお供して出家する公家について足利義教にお伺いを立てた。それでさらに足利義教は癇癪をおこした。
（中略）
勧修寺は室町殿のご意思をひどく違《たが》えたので、出仕を控えているそうだ。かわいそうなことである。最近は室町殿のご意向を気遣って、薄氷を踏むような状況である。恐るべし、恐るべし。

「はじめに」にも書きましたが、貞成は足利義教に仲良くしてもらう一方で、絶えず義教の心変わりに怯《おび》えていました。この記事の後半部分、「最近は独裁者足利義教の意向を忖度して皆、薄氷を踏むような状況だ」というのは勧修寺のことだけではなく、貞成自身の心理も語っているのです。そう室町時代にも、権力者に忖度する（せざるをえない）人たちが大勢いたのですね。

(25) 足利義教による暗殺指令

永享六年（一四三四）年。この頃から、だんだん六代将軍足利義教の専制君主としての異常さが増してきて、恐怖政治が現実化していきます。

同年六月一二日条

ところで裏松家のことであるが、噂は本当の事であった。盗人は夜討ちして、八日の明け方に裏松家へ忍び込んだ。裏松義資《うらまつよしすけ》前中納言が寝ていた蚊帳を切り落として、裏松を刺し殺したそうだ。傍らで寝ていた若い者一人も同じく殺されたという。ただし二人の敵にも怪我を負わせたらしい。

誰の仕業かは分からない。ただ将軍が秘密裏に暗殺をお命じになったらしい。そのため、このことを表立って取りあげる者はいない。この件について話をした者も同罪だと、将軍がお命じになったらしい。

足利義教が、気に入らない公家の裏松義資を暗殺させます。そして、「この暗殺は足利義教の命令によるもの」と口走った同じく公家の高倉永藤《たかくらながふじ》も、所領を没収されたうえ、長門国・周防国方面に流されています（六月十三・十四日条）。もちろんこれも、足利義教の命令によるものです。恐ろしい話です。そしてこのように暗殺を命じた足利義教自身が、後に嘉吉の乱で暗殺されるというのも、歴史の皮肉ですね。

(26) 後白河法皇が夢に出た！

平安時代の専制君主である後白河法皇。伏見宮家の領地は、少なからずこの法皇が残した遺産でもありました。

永享八年（一四三六）三月十三日条

私は去る十日夜に、夢を見た。その夢の中で、私は六条殿（長講堂）と思われる場所に参詣していた。新熊野・新日吉両社の社前のような北側の階段があった。その場所から四十〜五十歳ばかりの痩せ細った法師が裳付衣を着て、出ていらした。私はこの方が六条殿の本願である後白河法皇その人でいらっしゃるという心持ちになり、恐れおののいていた。

するとその御法師は長押《なげし》の下に、立て膝をしてお座りになった。私もきちんと座り直して、ご挨拶を申し上げた。するとその御法師は、「今このようにあなたの御運が開けなさったのは、ひとえに私があなたを擁護しているからなのですよ。それなのに、そのようにあなたは思いもせずにいらっしゃるので、私の気持ちに背いているのです」と仰った。

私はびっくりして、「全く法皇様をないがしろにしてはおりません。ひとえに法皇様の思し召しを頼みにしております」と、種々お詫び申し上げた。すると、御法師は元のように御殿の中にお入りになった。と、そこまで見届けて、夢から覚めた。不思議な夢であった。

確かに法皇様が仰るように、私は法皇様を本願とはしていなかった。法皇様の加護は、末流が再興して開運することであろう。いよいよ法皇様を頼むべきであり、恐れるべきであろう。

もともとお願いすることもあったので、（長講堂の鎮守社である）新熊野・新日吉両社と御影堂にお供えするよう、生島明盛法橋に命じてお供えを進上した。そのお給仕をするため、庭田参議が参詣したのである。
　これは、法皇様のお告げのあった不思議な夢なので、記録しておく。

三月十三日は、後白河法皇の祥月命日です。その三日前、伏見宮貞成の夢枕に後白河法皇が出てきました。そして、貞成の開運は法皇の加護によるものなのに、貞成が一向に後白河に対して信心を持たないことを責めました。それに恐れおののいた貞成は陳謝し、今後いっそうの加護をお願いしました。

後白河法皇は治承・寿永の内乱を切り抜け、皇統を鎌倉時代以降に繋ぎました。その点で、中世の皇族にとって後白河は皇統再興の英主なのでしょう。

また貞成も受益しているように、後白河の持仏堂である六条殿すなわち長講堂の莫大な領地は、室町院領とともに中世皇族にとっては計り知れないほど大きな遺産です。その点でも皇族にとって後白河は、崇め奉るべき存在だといえましょう。

ただ貞成はそれまで全く後白河を信仰しなかったわけではありません。三月十三日条の中略部分には、以下のようにあります。

　麻の狩衣を着た庭田参議が六条殿（長講堂）へ出かけた。六条殿の鎮守社である新熊野新日吉両社と御影堂にお供えをして、御影堂の後白河法皇肖像に対するお給仕を庭田参議は勤めてきた。

この後も、後白河の祥月命日には家司を長講堂へ派遣してお供えと後白河の肖像画に対してお給仕をさせています。

ただ、貞成自身も「法皇は本願ではなかった」と吐露しています。貞成が心より信仰していたのは、天神様すなわち菅原道真なのです。貞成はしばしば北野天満宮に和歌や連歌を法楽（奉納）しています。そして自分自身で何度も参詣しています。その一方で、後白河の六条殿へは、いずれも家司の代参で済ませています。

貞成さん、たまには六条殿へご自身で参詣しないと、法皇さんがまた夢に出てきますよ！

(27) 足利義教御所内の乱れ

足利義教の御所内は、その専制政治とは裏腹に、性的に乱れた関係が秘められていたようです。

永享九年（一四三七）十一月六日条

聞くところによると、室町殿にお仕えしている女房で、長慶天皇皇子玉川殿の御娘である東御方と小弁に関して不都合な事実が明らかになったので、将軍は両人とも流罪になさったそうだ。

小弁が尋問されて白状したことには「相国寺の僧や修行者（底本「行道」）らと密通した」という。それで、その男たちはすぐに首を刎ねられた。また将軍が召し使っていた遁世者《とんぜしゃ》も小弁と密通していたということで、首を切られた。この遁世者はお守りを小弁の首に懸けさせていたらしい。その他、さらに小弁と関係を持った者どもがいて、彼ら全員が罰せられて、腹を切ったという。御所内の入り乱れた性関係で、言葉にできないほどひどい話である。

阿野実治中将の娘である二条も将軍に処罰されて、稚児のように髪を切り払われたそうだ。これは、後花園天皇陛下が室町殿御所へお出ましになっている最中の出来事らしい。それで、二条はすぐに御所から出て行ったという。

室町殿の上様（足利義教の事実上の正妻。正親町三条尹子）が御気絶なさったのも、天狗の仕業であった。このように、室町殿御所中で不思議な事が数多く起こっているらしい。

三条西公保の妹である千本殿比丘尼が、伊勢神宮から戻ってきた。そして気が狂って室町殿御所へ入り、いろいろなことを託宣したそうだ。「結局は悪い将軍なのである」（底本「所詮、悪将軍」）とも言っていたという。このような考えもつかないような不思議な事も噂になっている。口にするまい、口にするまい。

足利義教の独裁専横が、御所内部にも次第に歪みを生みだしはじめました。それに対して足利義教は強硬な処罰で対処しますが、事態はそれを上回るかのように複雑に絡んでいきます。

嘉吉の乱まで、残すところあと四年です。

(28) 天皇が自身の和歌に「君」と詠むべきではない

国歌「君が代」の元歌、「古今和歌集」詠み人知らずの和歌は、「君が代」ではなく「わが君」となっていました。いずれにしてもこの「君」は、天皇ないしは主君を指している言葉です。

永享十年（一四三八）二月七日条

ところで室町殿から天皇陛下に桜の枝が進上されたそうだ。そのお返事に陛下の御和歌が添えられていたという。

末遠き　八百万代の　春までも
　共に挿頭の　花を見るかな

これに対する室町殿のご返歌が正親町《おおぎまち》三条《さんじょう》実雅《さねまさ》中納言兼検非違使《けびいし》別当《べっとう》を通して、陛下に届けられた。

末遠き　君にひかれば　万代の
　春まで花や　共にかざさん

今夜しも　君が言葉の　花を見て
　袖にも身にも　余る嬉しさ

これに対する、陛下の重ねてのご返歌。

類なき　君が言葉の　花かずら

この上の句を、私がお直しした。

言の葉の　深き情けの　花かずら

かけて幾世も　変わらずぞ見ん

天皇陛下の御乳人を通して、陛下からご下問があった。「ご返歌にまた『君』とお詠みになられていることは、いかがでしょうか。『君の臣下』に対して『君』と詠うことは先例になく、不審に思うのだが」との仰せであった。

「まことに不審なことですね。和歌の贈答で上・下の者が『君』と詠むことはもちろん先例にあります。ただ天皇陛下の御和歌で臣下に対して『君』と詠まれることは、いかがなものでしょうか。ただし、そのことを実証する和歌があるかどうかは存じませんが」とお答えした。それで恐れ多いことであるが、私の方で上の句を少し直して、陛下に申し入れたが、どんなものであろうか。その後、陛下から、この件に関してお返事があったのかどうかは、分からない。

後花園天皇と足利義教将軍との間で、和歌の贈答がありました。義教の上の句「今夜しも　君が言葉の　花を見て」に引かれて、後花園も「類なき　君が言葉の　花かづら」と返しました。義教の句にある「君」は後花園を指します。一方、後花園の句にある「君」は義教を指します。

後花園はこのように返していいかどうか不安になり、事前に父親へ尋ねます。それに対して貞成は「天皇が臣下に『君』と詠むのはいかがなものか」として、「言の葉の　深き情けの　花かずら」というよう詠み直すことを提案します。これに対して後花園からの返答はありませんでした。

同年二月八日条

和歌の「君」の用法について不審に思ったので、旧例を調べてみた。八雲抄によると「天皇や上皇ら貴所に差し上げる和歌ではすべて、君などと申すことについて何ら支障はない。その他の人を、君とはいわないものである。これは、昔から今に至るまで伝えられた教訓である」と書かれていた。この意見を書き写して、陛下に進上した。

また「恋文などで女性を君と呼んで送ることがあろうかと存じます。それを根拠になさって、陛下は室町殿を君とお呼びになったのでありましょう。しかし、このことはよくよくお調べになった方がよろしいかと存じます」とお申し入れした。

前日、後花園に与えた教訓の根拠を、貞成は調べてみました。そして順徳天皇が書いた『八雲《やぐも》抄《しょう》』にある「天皇や上皇以外の人を『君』とは言わないものだ」という記述を書き写して、後花園に送ります。そしてさらに、「恋人などを『君』と呼ぶことに準拠して、親しい室町殿を『君』とお呼びしたのでしょうが、これはよくよくお調べになった方がよいでしょう」という訓戒を付け加えます。

これに対する後花園からの反応は記録されていませんが、後花園自身が不審に思っていた件ですから、貞成の訓戒に納得したものと思います。

(29) 大事な仕事に従事する従者は酒と素麺で主人をもてなす。主人はまた強飯と酒で従者をもてなす

主人と従者の関係は、どうあるべきなのでしょうか。そのことを、相互のおもてなし関係で言いあらわした諺が、当時、世間に流布していたようです。

永享十年（一四三八）五月二十七日条

ところで、「大事な仕事に従事する従者は酒と素麺で主人をもてなす。主人はまた強飯と酒で従者をもてなす」という諺が、世間で言い囃されているそうだ。昨日、陛下のお耳にもこの言葉が届いたらしい。

それで宮家の面々がその用意をしていた。南御方・宮家の女性たち・天皇陛下の御乳人・庭田中納言・隆富朝臣・重村・行資・永親らが一献の酒宴を用意してくれた。外様の家司たちは呼ばなかった。東御方は宮家の者なので、いらっしゃった。

去年、足利義教将軍から譴責されて以降、東御方は実家に籠もりっきりで、宮家にも全く顔

を出さなくなった。ずっと蟄居しているのはあまりにかわいそうだ。今回は、外様の家司たちもいないので、秘密裏に東御方を宮家へ呼び出した。

「大事な仕事に従事する従者は、酒と素麺で主人をもてなす。主人はまた、強飯と酒で従者をもてなす」。このような諺が当時、世間に流布しており、後花園天皇の耳にも入っていたようです。

この諺を耳にした伏見宮家の女房や家司たちは、ここぞとばかり主人である伏見宮貞成を酒宴に招きます。素麺は分かりませんが、酒は「従者」各自が持ち寄っています。

そして貞成も、父・栄仁親王の女房であった東御方をこの酒宴に招きます。東御方は足利義教に重用されていましたが、ある失言から譴責（底本では「突鼻」）され、実家に蟄居していました。かわいそうに思った貞成は、ちょうど外様の家司が来ないこの酒宴に、長年宮家に仕えてきた老女房を呼び出したのです。貞成にしてみれば、強飯と酒のつもりなのでしょう。

これに先だって宮家の重臣であった田向経兼親子も、近衛大将兼任のお祝いに来なかったというだけで、義教から譴責され、領地さえも奪い取られていました。

この後もう三年ほどで義教が暗殺されると、田向家も東御方も晴れて復権を遂げます。

最後に今一度、諺の内容である「主人は強飯でコメを施し、従者は素麺でムギを進上する」という点について考えておきたいと思います。

この諺を一読すると、主従の互恵的な関係を説いているように感じますし、伏見宮家の人々もそのように受け取っている節もあります。しかしムギよりもコメの方が貴重だという当時の価値観に注目すれば、従者の奉仕よりも手厚く従者をもてなす義務が主人にはあるのだと説いていることが分かります。この点に、この諺が広く流布した理由があったのかもしれません。

(30) 嘉吉の乱

『看聞日記』のなかで最も著名なものが、六代将軍足利義教が暗殺された嘉吉の乱の記事でしょう。そこで改めて、現代語訳を通して、この乱の経過を辿ってみましょう。ここでは現代語訳に小見出しも付けておきます。

嘉吉元年（一四四一）六月二十四日条

〈足利義教が赤松満祐の屋敷へ入る〉

赤松満祐が将軍を屋敷にお招きし、猿楽が上演されたそうだ。夕方になって、赤松の屋敷で喧嘩が起こったらしい。その騒動の詳細は聞いていないが、正親町三条実雅は怪我をして、屋敷へ帰ってきたという。将軍の御身に何があったのか、本当の事は分からない。赤松の屋敷が燃え上がり、武士たちが東西に駆け回っている。言葉にできないほど、ゴタゴタと入り乱れている。

〈足利義教が殺害されたとの噂〉

夜になって、赤松満祐の弟である赤松義雅伊予守の屋敷が燃え上がっていた。家人ともども、自らの屋敷に火を付けたらしい。将軍は討たれて、その御首も打ち落とされたという。びっくり仰天して、どうしようもない。

内裏にも人々が駆け寄っているそうだ。重村を内裏へ送って、「驚いたことです」と陛下にお伝えした。その後、重村を正親町三条実雅のところへも行かせた。正親町三条家はただ混乱していて、実雅自身は半死半生の重体らしい。正親町三条家にも、人々が集まっていたそうだ。

一晩中、一睡もできず、ただ呆然としていた。西室大夫見賢がどこかへ逃亡したそうだ。

これは事件当日の記事です。当初は何が起こったのか分からずにいましたが、夜になって足利義教が暗殺されたとの噂を耳にします。内裏へ人々が集まっているのは、後花園天皇に危害が及ぶのを防ぐためでしょう。貞成が庭田重村を内裏に行かせたのも、単なる挨拶ではなく、安否確認の意味もあったと思います。

同年六月二十五日条

〈赤松の屋敷で足利義教が暗殺される〉

昨日の様子がだいぶ分かってきた。三献の酒宴中、猿楽が始まる時分、屋敷の内側がガヤガヤと騒がしい。「何事だ」と将軍がお尋ねになった。「雷《かみなり》でしょうか」と正親町三条実雅が応答なさったところ、将軍の御後ろの障子が引き開けられて、武士が数人出てきて、たちどころに将軍を討ち取ったそうだ。

〈正親町三条実雅は応戦して、重傷を負う〉

正親町三条は将軍の御前にあった太刀をとって、武士を切り払った。この太刀は御引き出物として将軍に進上されたものだという。しかし正親町三条は転倒して、武士たちに切り伏せられた。

〈山名熙貴《ひろたか》・京極高数《たかかず》・遠山市三郎ら三人は、その場で討死する〉

山名熙貴中務大輔・京極高数加賀入道・将軍の走衆（将軍のボディガード）である土岐遠山市三郎ら三人は討死した。細川持春下野守・大内持世らは腰刀だけで応戦したが、敵の命を取るまでには至らず、負傷して退いた。

〈細川持之《もちゆき》管領・細川持常《もちつね》・一色教親《のりちか》・赤松貞村《さだむら》は応戦せず、逃げ出す〉

細川持之管領・細川持常讃岐守・一色五郎教親・赤松貞村伊豆守らは、何もせず逃げ出した。その他の人々も右往左往して逃げ出した。

〈足利義教に殉死するものは誰一人いない〉

ましてや将軍の御前で切腹した者は一人もいなかったらしい。逃げていく赤松を追いかけて討ち果たそうとする人もいない。誰もが、言葉にできないほど未熟であった。もしかしたら諸大名も赤松に同心していたのかもしれない。納得できない事である。

足利義教の最も身近に仕えた正親町三条実雅は、公家でありながら防戦しています。その一方、細川持之管領らは何もせず逃げ出しています。このことから、武家が足利義教をどう思っていたのかが推量されます。そのことはまた、その場で殉死する者が一人もいなかったことにも表れているでしょう。

ただし管領の細川持之には、異なる意図があったのかもしれません。翌日に細川持之は義教の息子たちを室町殿御所に集めて保護しています（出家している息子たちが鹿苑院へ集められているのも、管領の指示によるものでしょう）。これは、将軍の子息を利用した「野心の者」の反乱を未然に防ぐ措置でした。細川持之としては将軍に次ぐナンバー2の自分が討死したら、幕府自体が立ち行かなくなるという危惧もあったのではないでしょうか。

同年六月二十五日条（続き）

〈将軍の犬死には、古来例がない〉

所詮、赤松満祐を処刑しようという、将軍の御企てが明らかになり、さきがけて赤松が将軍を討ち果たしたということらしい。自業自得な結果であり、仕方のないことかもしれない。将軍がこのように犬死にしたのは、古来よりそうした事例を聞いたことがない。

首のない御死骸は焼け跡から瑞蔵主が見つけだして、等持院へお運びしたそうだ。「御首は摂津国中島にあります」と赤松から連絡があった。細川管領は、その使者の首を切り落としたらしい。

（中略）

雑多な噂が数多く出回っている。それらすべてを詳しく記録しておくことはできない。

（中略）

〈盛者必衰の理が眼前のものとなる〉

盛者必衰の理が眼前のものとなった。悲しい涙を流す以外、することは何もない。

（下略）

これまで貞成は、足利義教にずいぶん目を懸けられてきました。そして足利義教の恩情を「君恩」とまで記しています（六月二日条）。つまり貞成は、足利義教を主君と仰いでいたのです。ところが盛者必衰の理が眼前のものとなり、悲しい涙を流したとは記しているものの、義教を哀惜する言葉を一つも記してはいません。「自業自得」とさえ言い切っています。「犬死にした将軍は古来いない」という表現は、義教を突き放した、ドライな感情の表れなのでしょう。

なお、事件前日の六月二十三日条頭書（後日に加筆した記事）には、次のように書かれています。

〈腰刀が連続して鞘走る怪異〉

後で聞いたことによると今日（二十三日）、将軍の御腰刀が鞘から自然に抜け落ちたそうだ。それで他の御腰刀を取り寄せたら、また鞘から刀身が抜け落ちたらしい。それで、将軍はご立腹だったという。怪異とは、このようなものなのであろう。

怪異とは、天の神が地上の異変を察知して、人々に与える予兆のことです。暗殺の前夜、天はすでに足利義教を見放していたのだと再確認するような記事だといえましょう。

（31）貞成、禁闕の変で後花園天皇と再会する

嘉吉三年（一四四三）年九月二十三日、南朝遺臣の日野有光が内裏に放火して三種の神器である

神璽と宝剣を奪って比叡山に立て籠もるという、禁闕の変が起こります。この事件が、貞成にとって意外にも嬉しい状況を生み出してくれました。

同年九月二十四日条

〈昨夜の事件に関する詳報〉

昨夜の出来事について、詳しく聞いた。反逆者たちは清涼殿に乱入し、まず三種の神器の剣と勾玉を奪い取ったそうだ。「すでに剣と勾玉は取ったので、放火しろ」と、反逆者の首領が命じて、内裏の建物ごとに放火していったらしい。天皇陛下は議仗所へお逃げになっており、殿上の間の後ろに出られた。甘露寺《かんろじ》親長《ちかなが》と四辻《よつつじ》季春《すえはる》が刀を抜いて反逆者たちを打ち払い、陛下をお逃がしした。

陛下は御冠を取って、女房の姿にやつして、唐門よりお逃げなさった。陛下のお供をしたのは、季春一人であった。（中略）

さて後南朝謀叛軍の大将は源尊秀、その他に日野有光《ありみつ》一位入道や合力している悪党数百人が、比叡山の山上に登って南朝の天皇がいらしたと公言した。彼らは根本中堂に立て籠もって、比叡山三千衆徒を仲間にしようとしていると、比叡山の使者が連絡してきた。

これは、事件翌日に貞成が聞いた禁闕の変に関する詳報です。まだ昨日のことなので、事件の概要が生々しく語られています。

同年九月二十六日条

〈比叡山の僧兵が南方人主と自称する者や日野有光らを討ち取る〉

その後、比叡山から重ねて連絡があった。法師の姿をした後南朝の主人と称する人・同じく僧侶姿の子供たち・日野有光一位禅門らの悪党たちを討ち取り、その首などを京都へ持ち帰ったそうだ。ただ少数の悪党は逃げ延びたらしい。比叡山の根本中堂も焼けなかった。比叡山の僧兵たちは「幕府に忠節を誓います」と言って、早速、軍功をあげた。これもすべて、神様のご加護によるものだろう。それにまた天皇陛下のご運が優れている証でもあるので、何よりも嬉しいことであった。

その後、九月二十六日に比叡山の僧兵が後南朝の悪党を殺害します。これで事件そのものは一段落つき、その後は首謀者たちの首の処分などについて議論されていきます。

禁闕の変の記事で興味深いのは、この後の記述です。まずは二十六日条の続きです。

〈後花園天皇が伏見宮家へ臨幸する〉

午後三時、女性が乗るような牛車が来た。お供する人は誰もおらず、ただ武家の一色教親が甲冑を着た大軍勢を率いて警護していた。衣冠を着た万里小路時房大納言がお側に仕えていた。お車は御所中門北側の御簾がかかった扉近くに差し入れられた。南御方が牛車に寄り添って、陛下を御所内へお導きした。

陛下は、公卿座の妻戸から上がられた。寝殿を経て、会所へお入りになった。三条西公保《さんじょうにしきみやす》大納言兼按察使《あぜち》・正親町持季《おおぎまちもちすえ》参議兼中将・冷泉永基《ながもと》兵部卿・東坊城益長《ひがしぼうじょうますなが》朝臣・甘露寺親長・四辻季春らが、既に参上していた。その後、内裏の女性たちもやって来た。私・貞常王、それに西側に南御方が控えていたが、すぐには陛下のお側へ行けなかった。

夜になって私からお会いしたいと陛下に申し入れた。それに対して、「御装束がすべて焼けてしまい、御白衣だけなので、ご勘弁ください」とのお返事だった。それで再び申し入れることはしなかった。

内裏を焼け出された後花園天皇が、結局伏見宮家へ引っ越してくることになりました。宮家は大慌てで準備します。そして天皇臨幸の後、貞成はすぐに面会を求めますが、後花園天皇は礼装できないのでと断ります。

同年十月十三日条

〈貞成が謀叛事件に同調しているとの噂が流れる〉

正親町三条実雅の使者として、住心院実意が来た。「宮様が今回の謀叛事件に同調しているとの噂が、世間に流れています」と実意が言ってきた。私は驚いて、「もちろん、そのようなことはデタラメです」と否定し、「私も時にはうわさ話を耳にはしますが、信用できませんね」と返答した。もちろんこの噂が偽りであることは、ことさら言うまでもなかろう。しかし、そのような噂が流れること自体、不思議な事である。（中略）

〈貞成、後花園天皇と対面する〉

今夜、私は裘代※を着て、天皇陛下の御前に参上した。貞常王と南御方も、同じく参上した。そして一献の酒宴を進上した。美味しい軽食など十種類と酒樽十荷を、陛下に差し上げた。（中略）

五献目の時、南御方が立ち上がって、陛下にお酌をした。その後、南御方は参列している皆に順次、お酌していった。その後、私が座を立って、この酒宴は終わった。

思いがけない宮家へのお出ましであったが、陛下とお会いすることができたのは、叛乱事件の最中でも大きな慶びであり、本望の至りであった。

※裘代《きゅうたい》…法皇や門跡、参議以上で出家した人が、参内など晴れの儀に着用する僧服。俗人の直衣に相当する。

後花園天皇が宮家に同居してから十七日目の十月十三日。貞成が禁闕の変に同調していたという不可解な噂が流れますが、貞成は即座に否定します。そしてその夜、貞成はようやく後花園天皇と対面し、酒を酌み交わします。貞成は「大慶」「本望の至り」と、最大級の喜びを示しました。歴史上、天皇が実父である上皇の御所へ新年の挨拶をしに行くということはありましたが、両者が同居するということは基本的にありませんでした。そのような僥倖に恵まれ、さらに対面もできた貞成が有頂天になるのもうなづけます。

その後、嘉吉三年も暮れていくと、来年正月の内裏の行事をどうするのかという問題が議論されます。その論調は、父親と同居したままでは天皇の正月行事はできないという一点に集中していきます。ところが誰も天皇の引っ越し先を提供したがらないので、この件は大晦日になるまで持ち込まれます。

同年十二月二十九日条

〈後花園天皇が正親町三条実雅邸へ移る〉

深夜の午前一時になって、天皇陛下は正親町三条実雅の屋敷へお移りになった。神祇伯二位雅兼《まさかね》王が進上した装飾のある牛車を西の対屋妻戸へ差し入れた。※まず内裏の女性が乗り、陛下がお乗りになった。※※次に成仁王が二条殿に抱きかかえられながら輿に乗った。そして陛下を乗せた装飾のある牛車が出発した。

貞常王と南御方が同じ牛車に乗った。その後に一条とあかこが乗り込んだ。次に私が輿に乗った。その輿は袖網※※※になっており、聖護院から借りたものである。輿を舁ぐ力者法師は、住心院が送ってくれた者たちである。麻の狩衣を着た西大路隆富朝臣と同じく麻の狩衣の庭田重村朝臣が、私の輿に付き添っている。直垂を着た従者六人が松明を持って先導している。伏見荘の村人たち二〜三十人を警護のため、呼び出した。ご移動の事務取扱者は重村朝臣で、迎え入れる側の事務取扱者は島田定直である。

田向経兼参議入道・田向長資参議・衣冠を着た冷泉永基兵部卿・世尊寺行豊新三位・慈光寺持経朝臣・綾小路有俊朝臣・冷泉永親・田向経秀・五辻政仲が、ご移動に付き添った。それに加えて、生島明盛法橋・生島盛賢・宮家御所の侍・伏見荘の殿原ら大勢も来た。それでご移動が終わった後、一献の酒宴をした。今夜は大晦日の除夜であり、そのお祝いも兼ねて、とてもめでたいことである。

※「差し入れた」…底本では「差」の下に「車」で一文字の漢字。
※※「陛下がお乗りになった」…底本ではこれに該当する記述がないので、補った。

※※※「袖網」…未詳。底本では「輿」に「袖網」の割注が付いている。輿の屋形の出入口が檜皮などで編んだ網代《あじろ》になっているものか。

大晦日が更けゆく深夜午前一時、後花園天皇は牛車に乗って、正親町三条実雅の屋敷へ引っ越します。それを見送りに、貞成たちの一行が続きます。

引っ越しが終わった後、貞成たちは一献の祝宴を開きます。どこでお酒を飲んだのか、はっきりとした記述はありませんが、引用した文のあとには「正親町三条実雅の屋敷がもともと通陽門院三条厳子殿の御所で、その内装の素晴らしさや南庭には梅や桜が数本あって、花に囲まれた屋敷だ」と絶賛しています。この事から貞成たちは、正親町三条実雅の屋敷で除夜の祝宴をしたのでしょう。とても嬉しい年越しだったでしょうね。

二　宗教と芸能

中世は宗教の時代だとよく言われます。そしてその宗教と切っても切れないものが各種の芸能でした。この項では、中世の宗教と芸能に関する興味深いエピソードを集めてみました。

(1) 闘茶とその賞品

応永二十三年（一四一六）二月二十六日条と同年三月一日条には、続けざまに茶会（闘茶）とその賞品に関する詳細な記事がでてきます。少々長文ですが、まずその二つの記事をみてみましょう。

応永二十三年二月二十六日条・三月一日条

先日取り決めた順番に幹事となって行う闘茶をした。私・田向長資朝臣・沙弥行光が当番になった。酒宴などの用意をした。闘茶の賞品には特に面白い物を用意するようにとの御所様の命令があったので、立派で風流な物などを進上した。竹の枝を付けた笛（引合紙《ひきあわせがみ》製）。茶の木で作った篳篥《ひちりき》一管。柳の枝を付けた櫛と石や苔や浪などがある島形の置物、これらは「気霽風梳新柳髪」（気霽《は》レ風ハ新柳ノ髪ヲ梳《くしけず》ル）という漢詩の心を表現したものである。花笠、この結び紐には犬の張り子などが付けてあり、笠に花を飾り付けてある。花が咲いている枝を付けた風鈴、これは銭で作ってある。花の枝を付けた青毛の馬数頭のミニチュア。以上は、私が用意した分である。五種類の品物を付けた花の枝。これは田向長資朝臣が進上したものである。犬の箱形張り子を付けた花の枝。これは行光が進上したものである。

座敷を少し飾った。屏風絵や花瓶などを置いた。闘茶を始める前にお酒を一献飲んだ。次に闘茶を七回行った。各々が賞品を取った。残った賞品をくじで分配した。闘茶を終えて、酒宴を開いた。楽しかった。舜蔵主・綾小路信俊三位・庭田重有・田向長資ら朝臣・寿蔵主・沙弥行光・生島明盛《いくしまみょうせい》・広時・小川禅啓らが参加した。私が進上した賞品を皆が褒めてくれた。名誉なことだった。

三月一日、(中略)先日とりきめた当番制の茶会を開いた。新御所様・庭田重有朝臣・広時が当番だ。まず一献のお酒を広時が用意した。風流な長櫃《ながびつ》二箱にいろいろな肴やお茶菓子などが納めてあった。その中に大きな蓑があって、酒樽をその蓑《みの》(俵カ)の内に納めてあり、これを「大黒の蓑」と呼んでいた。また大槌もあって、これを「打出《うちで》の小槌」と呼んでいた。これは、大籠を張り子にして槌のように仕上げて、如意宝珠《にょいほうじゅ》の絵が描いてあった。その中にいろいろな茶菓子が入っていた。槌の柄の部分には酒が入れてあって、酒宴の際、お酒の追加に備えたものであった。また桃の花が咲いている枝に(桃の実に見立てた丸い)イモを付けて、これを「西王《せいおう》母《ぼ》の園の桃」と呼んでいた。およそこれらの風情は、とても面白い。

次に賞品を新御所様がお出しになった。船が一艘、これには衣袴を着た女房が一人乗っている。船の舳先には扇が立ててあり、那須与一が扇を射る風情だという。船の中にはいろいろな物が納めてある。砂金と銀貨をそれぞれ一包み（ただし実際には、それぞれ銭を入れた包み）・張良の書一巻・茶碗・高麗茶碗・壺・箱など、船にはいろいろと納めてあった。また弓一張、弦は細帯で張ってある。矢一手、この矢の先端は筆になっている。梅の花一枝、この梅の花は銭で作ってあり、「金仙花」と名づけた。またこの枝には雁が付いている。この雁は昆布でできている。金具が付いた筆を（花枝に見立てて）昆布の雁に付けてあった。この梅の花枝は竹製の花瓶に差してあったが、この瓶の中には抹茶が入っていた。以上は、新御所様が用意なさった分である。

弓一張・矢一手、この矢は火箸で作ったものだ。的一つ。文箱一つ、これには「進上、御行所、伊勢国より」という銘文が書いてある。文箱の中に何が納めてあるのかは分からない。台の上に据えた梅花の形の盃（檀紙製）六つ、台は円座畳で作った。酒樽や肴など。以上は、庭田重有が進上したものである。花一枝に手紙や扇を付けたもの。これは広時が献上した。

会所を少し飾った。屛風を立て、これに中央の本尊が観音で、その両側二幅に猿が描かれた絵像合計三幅を掛けた。その前の卓に茶碗と花を生けた花瓶を二つ置いた。また伏見上皇直筆の書の掛け軸を懸けた。まず闘茶の前に酒を一献飲んだ。次に闘茶を七回行った。一番当てたのは小川禅啓だった。すぐに賞品を取った。取った賞品は、金仙花・弓一張・矢一手・銭一包みだった。続く酒宴の際に、賞品をくじで分配した。闘茶に参加しなかった者たちも皆くじを引いた。くじに当たらなかった者にも一品ずつ賞品を配った。惣得庵主と同庵の尼たち二〜三人も加わった。数献飲んだ後、梅花形の盃でまた飲んだ。皆大変酔っ払ってしまい、なかには途中で逃げ出して飲まなかった者もいた。音曲や乱舞をして一日中楽しんだ。深夜にお開きとなった。

この時期の茶会は「闘茶」といって、お茶の産地などを飲み当てる、一種の賭博でした。京都から伏見宮家御所へ引っ越してきたばかりの貞成としては、宮家で行われる闘茶の凝った賞品がとても物珍しくみえたのでしょう。そこで改めて、その賞品を整理してみます。まずは二月二十六日の茶会の賞品を見てみましょう。

○竹の枝を付けた笛（引合紙製）。
○茶の木で作った篳篥《ひちりき》一管。
○柳の枝を付けた櫛と石や苔や浪などがある島形の置物、これは「気霽風梳新柳髪」※（気霽《は》レ風ハ新柳ノ髪ヲ梳《くしけず》ル）という漢詩の心を表現したものです。

※「気霽風梳新柳髪」…『和漢朗詠集』春十三（都良香）。『十訓抄』下巻十ノ六。

○花笠、この結び紐には犬の張り子などが付けてあり、笠に花を飾り付けてあります。

○花が咲いている枝を付けた風鈴、これは銭で作ってあります。
○花の枝を付けた青毛の馬数頭のミニチュア。
以上の二月二十六日茶会の賞品は、紙製の笛・茶の木の篳篥・銭の風鈴などは変わった素材である点が面白いですね。島形の置物は漢詩をもとにして波の中の石や苔の風景を表した凝った作り物。花笠に付けた犬張り子はかわいい。

次に、三月一日の賞品を見てみましょう。
○大きな蓑があって、酒樽をその蓑（俵か）の内に納めてあり、これを「大黒の蓑」と呼んでいました。
○大槌もあって、これを「打出の小槌」と呼んでいました。これは、大籠を張り子にして槌のように仕上げて、如意宝珠の絵が描いてありました。その中にいろいろな茶菓子が入っています。槌の柄の部分には酒が入れてあって、酒宴の際、お酒の追加に備えたものでした。
○桃の花が咲いている枝に丸いイモを付けて、これを「西王母の園の桃」と呼んでいます。
○船が一艘、これには衣袴を着た女房が一人乗っています。船の舳先には扇が立ててあり、那須与一が扇を射る風情だそうです。船の中には、宝船のようにいろいろな物が納められていました。
○弓一張、弦は細帯で張ってあります。
○矢一手、この矢の先端は筆になっています。

○梅の花一枝、この梅の花は銭で作ってあり、「金仙花」と名づけました。またこの枝には雁が付いており、この雁は昆布でできています。金具の付いた筆が雁に付けてありました。この梅の花枝は竹製の瓶に差してあり、この瓶の中には抹茶が入っていました。
○弓一張・矢一手、この矢は火箸で作ったものです。
○的一つ。文箱一つ、これには「進上、御奉行所、伊勢国より」という銘文が書いてありました。

三月一日の賞品である細帯の弓・銭でできた梅の花・昆布の雁・火箸の弓矢は、同じく素材が変わっているところに趣向があるようです。銭の梅花に付けられた金仙花という名称は金銭花というダジャレでしょう。大黒天の蓑・打ち出の小槌・西王母の桃は、それぞれの言い伝えをもとに作った作り物です。最後の的と文箱は、伊勢国から奉行所へ送られてきたという銘文がついており、実際の品物を想起させます。

これだけ凝った作り物が並べられると、貞成でなくとも心躍らされることでしょう。父・栄仁親王のもと、兄・治仁王、それに加えて京都から戻った貞成と家族一同が揃った宮家の幸せな日でありました。

(2) 舞天覧

舞天覧とは、天皇の御前で舞楽をお見せするイベントです。その詳しい記事が『看聞日記』に残されていました。

応永二十三年（一四一六）二月二十九日条

舞天覧は昨日の予定だったが、雨で延期となり、今日実施されたそうだ。室町殿の命で準備されたことであり、特に厳めしく実施されたという。その次第、まずお酒を一献、天皇に進上した。お弁当箱は善美を尽くした風流なものだった。いろいろな楽器などを弁当箱に作り替えてあった。大太鼓で作った弁当箱の風流は特に優れたものであったそうだ。一献のほかに銭百貫文、それに表面を焼いた沈香を中国製のお盆に載せて、いずれも室町殿が献上なさった。すべてのものが壮観で、言葉に表し難いくらいだったという。

舞楽が十番。まず楽人入場の曲として賀王恩・安摩・二舞※を演奏した。その後左右交互に、万歳楽・地久、採桑老《さいそうろう》・新靺鞨《しんまっかつ》、春庭花・長保（弦楽器と管楽器で残楽）※※、秦皇《しんこう》・皇仁《こうじん》、打毬《だきゅう》楽・垣破《がいは》、河南浦《かなんほ》・胡徳楽、太平楽（弦と管で残楽）・狛桙《こまぼこ》、北庭楽《ほくてい》（弦と管で残楽）・林家《りんか》（同じく弦と管で残楽）、抜頭《ばっとう》・八仙、陵王《りょうおう》・納曽利《なそり》（弦と管で残楽）を演奏した。そして楽人退出の曲として長慶子。

演奏者は、笙が花山院《かざんいん》忠定大納言・中御門宗量前中納言・山科教興参議・同教有朝臣・同教豊朝臣・白川資雅朝臣・四条隆盛朝臣、六位七位役人の豊原藤秋・為秋・家秋・郷秋・敦秋・村秋・勝秋・遠秋・久秋。篳篥《ひちりき》が楊梅《やまもも》兼邦前右兵衛督・同兼英朝臣・同兼豊・安倍季長・同季量。笛は大炊御門《おおいみかど》信経中納言・洞院《とういん》満季中納言・綾小路《あやのこうじ》信俊前参議・山科教高朝臣・中院《なかのいん》光相朝臣、六位七位役人の山井景房・景親・景勝・景藤・景興。琵琶は今出川公行左大臣・園基秀参議・藤原孝長。箏は裏辻《うらつじ》実秀参議兼近衛中将・四辻季保朝臣・同季俊。鞨鼓《かっこ》は豊原氏秋。太鼓は山井景清。鉦鼓《しょうこ》は豊原遠秋。三鼓は家秋。

舞楽はだいたい問題なく済んだ。ただし太鼓の拍子が遅かったので、舞楽が思うようにできなかったそうだ。後日に取調べがあって、景清の演奏ミスかとされた。

秦皇を早い調子で吹くことについては、前もって話し合いがあった。琵琶担当の今出川左大臣は、秦皇を弾かなかった。裏辻実秀卿・四辻季保朝臣・季俊の箏も、同じく秦皇を弾かなかった。上皇様が早吹《はやふき》の説に反対で御箏《そう》を弾かなかったので、上皇様の箏の弟子たちも弾かなかったのであろう。琵琶に関しては弾いてもよいのかもしれないが、以前、上皇御所で舞御覧の時、上皇ご自身が弾かなかったので、今出川左大臣は遠慮したものとみえる。それで今度も弾かなかったのであろう。楽拍子※※※の部分については琵琶を弾いたが、早吹の部分では弾かなかった。

およそ上皇様の御箏の説では早吹をお弾きにならないのであろうが、琵琶はまた別である。弾くべきだったのではないだろうか。その上、今回の舞天覧は朝廷の場でのことだった。上皇様の御前ではないのだから、やはり弾くべきであったのだ。しかし今出川左大臣の考えとしては先例をもって遠慮したのだろう。

以前の日にあらかじめ、この伏見宮御所様とこの件でお話しなさっていたのである。園基秀卿と孝長は、今回、琵琶を弾いた。ただし基秀卿が何も考えず、早吹の説で琵琶を弾いたのは、いかがなものであろうか。基秀卿はこの伏見宮御所様の弟子なのである。師匠の説を聞いてもいないのに、自分勝手な判断で弾くのはよろしくないことだ。管楽器については、殿上人の演奏者は全員吹いた。大炊御門中納言は、長保楽の残楽の急残の際に、笛を吹き間違えた。それで慌てて急いで吹き過ぎたらしい。

※二舞《にのまい》…壱越調の舞楽。以下、舞楽演奏の構成については、村井章介「『看聞日記』の舞楽記事を読む」(立正大学『文学部論叢』一三八号、二〇一五年)を参照のこと。
※※残楽《のこりがく》…雅楽管弦の演奏法の一つ。
※※※楽拍子《がくびょうし》…雅楽で用いる拍子の一つ。

今回の舞御覧は室町殿足利義持の命令で、いつもより厳粛に執り行われたようです。提供されたお弁当箱も善美を尽くした贅沢なものだったようです。ただそのように緊張する場であったためか、いろいろと演奏ミスなどもありました。なお補注に示した残楽は、現代的に言えばリフレインしながら次第に楽曲を終えていくような奏法のことです。

(3)酒宴の風流《ふりゅう》(物真似芸)

先ほど闘茶の記事をみてみましたが、その闘茶の前後には必ず酒宴が行われています。そしてその酒宴には必ずと言ってよいほど、風流《ふりゅう》という物真似芸が披露されたのです。

応永二十三年（一四一六）三月七日条

お酒一献を飲んだ。次に闘茶を七回。一番当てたのはまた禅啓だった。禅啓は賞品を取った。次に酒宴で三献飲んでいる最中に禅啓が「酒の御肴に桂女を呼び寄せておりますので、ご覧になって下さい」と申した。すぐに桂女《かつらめ》二人が参上した。実は小川有善新左衛門と御所侍《ごしょざむらい》の善国が女装して桂女に扮しているのだ。その姿は、きれいな小袖に帷子《かたびら》を壺折《つぼお》りにして髪をつつんでいる。女性のように眉も描いてある。桶を頭頂に載せている。この桶は角桶《すみおけ》で、素晴らしい絵が描いてある。源氏心心※。桶の中に鮎など種々の御肴が納めてある。両人が御所様の御前に参った。御簾《みす》の内に桶を差し入れて、退出した。その姿は本物の桂女と変わらない。たいへん面白かった。これは禅啓が用意した風流な出し物である。（中略）

田植えの物真似をして、早乙女《さおとめ》三人（善国・有善・広輔）が色々の小袖を着て髪を布で包んで田歌《たうた》を歌い、早苗《さなえ》を植えて舞った。綾小路信俊前参議が笛を吹き、田向経良三位・庭田重有・田向長資ら朝臣が笏拍子を打った。二度はやした。退場した早乙女たちを呼び戻して、御所様がご褒美の扇を早乙女たちに賜った。

次に広時が猿飼《さるか》いの姿ででてきた。餌袋を腰に付け、敷皮で作った猿をつかい、舞を舞わせた。その風情は天性の才能によるものである。面白かったし、感動した。御所様から扇を下された。玉櫛禅門も扇を賜った。女中も扇を賜った。およそ広時は根っから才能のある者だ。

次に御所様が藤花の盃でお酒を飲まれたので、皆もこの盃で酒を飲んだ。新御所様は藤花二房分の盃で酒をお飲みになった。とてもお強いことだ。皆ひどく酔っ払った。乱舞もとても面白かった。衣かずき※※をした女たちや男たちが大勢集まって、酒宴の趣向を見物していた。晴れがましい酒宴だった。深夜になってお開きになった。その後、台所で明け方まで酒盛りをしていた。局女たちも一緒に飲んでいたそうだ。このような会は珍しいことなので、詳しく記した次第である。

※源氏心心…未詳。源氏物語絵巻関係の絵が描かれているということか。
※※衣《きぬ》かずき…小袖《こそで》を頭からかぶり、両手で支え持った女性の姿。

この日は、闘茶の前後に酒宴をしています。その酒宴の場で、当時は風流と呼ばれた物真似芸が行われました。まず地侍の小川有禅と御所侍の善国が女装して桂女の物真似をしました。「彼女」たちは、鮎などを入れた桶を頭に載せ、帷子を壺形に折って髪を包み、顔に眉を描き、綺麗な小袖を着ています。本格的な物真似ですね。次に善国・有善・広輔の三人が同じく女装して早乙女の物真似をしています。このような異性装も風流の重要な要素だったようです。

次に広時が猿飼いの扮装をします。そして広時は、敷物の毛皮で作った猿を本物の猿のように舞わせてみせました。この芸の風情は天性の才能（底本「天骨」）によるものだと、貞成は絶賛しています。広時は伏見荘の役人（下司）ですが、芸能者としても天性の才能があったのでしょうね。

そして酒宴の最後には御所様栄仁親王が「藤の花の盃」二房でお酒の一気飲みをして、酒の強さを誇っています。

この酒宴は参加者だけが楽しんでいただけではなく、衣かずきをした女性や男たちが大勢集まって酒宴の様子を見物していました。すなわち、この酒宴そのものも芸能だったわけです。

こうして深夜に酒宴は終わりますが、その後も台所で明け方まで酒盛りが行われました。酒宴が身分秩序に基づく正式な宴会であるのにたいし、酒盛りは身分の上下を問わない気楽な集まりでした。

（4）ある楽人《がくじん》の嘘

楽人とは、雅楽の演奏家のことです。楽人には、それぞれの家や流派で得意としている楽器があります。しかし人によっては、他家が得意とする楽器を演奏したいと思うこともあるようです。

応永二十三年（一四一六）三月十九日条

豊原郷秋が来た。音楽会があった。演目は、平調の万歳楽・三台急・甘州・春楊柳・五常楽急・太平楽急・林歌と朗詠《ろうえい》二首などであった。その後、庭田重有朝臣と一緒に庭田の家へ行った。庭の遅咲きの桜が花盛りなので、それを見せたくて皆を招いたようだ。

郷秋が言うには、「山井景清が郷秋の所にやってきて、『笛を忘れてどこかに落としてしまった』と言ってました。それで、伏見宮家の御笛をお借りしたいと景清は言ってます」という。この郷秋の言い分は、どうも怪しい。しかし、御笛をお貸しになった。「景清に今度、伏見に来るよう伝えなさい」と郷秋に仰った。

後に聞いたところでは、景清が郷秋の所に来たというのはウソであった。郷秋自身が御笛を吹きたくて、このように申したらしい。面白い言い草である。蘇合急・青海波・千秋楽などを郷秋が吹いてみせた。初心者的な所もあったが、大過ない笛の吹きようであった。笛は郷秋の家の芸道ではないので、隠れて練習したのであろう。

伏見宮家へ出入りしている楽人である豊原郷秋が、御所様栄仁親王に「同僚の山井景清が笛を落としたそうなので、宮家の御笛をお借りしたいと言ってます」と伝えました。栄仁は怪訝に思いながらも、笛を豊原郷秋に手渡しました。しかしこれは、郷秋が笛を練習してみたくて、ついた嘘でした。郷秋の専門は笙ですが、練習の甲斐あって問題なく笛を吹いたそうです。貞成はこの嘘を「面白い言い草」と評しています。ただ笙の専門家としては、「笛も吹いてみたい」とは正面切って言いづらかったのでしょう。ここに、プロの音楽家としての意地とプライドが隠されているように思います。

(5) 遍歴の芸人

中世社会では、都市や村、家々を廻る遍歴の芸能者がいました。この記事では当時、傀儡《くぐつ》と呼ばれた人形遣い芸人が登場します。

応永二十三年(一四一六)三月二十五日条

さて、各地を渡り歩く人形遣い芸人が伏見宮家にやって来た。人形に猿楽の芸をさせてみせた。この一座のなかのある少年は天才的な子で、輪鼓※、そして獅子舞、さらに曲舞※※と、種々の芸能を演じた。ご褒美をいろいろと与えた。酒樽なども与えた。見物人が大勢集まった。芝殿とその娘・惣得庵主・尼たちが大勢やって来た。一献、酒を飲んだ。さて、子供が親に酒を一献差し上げるという故事がある。それで新御所様より御所様へお酒を一献用意なさった。酒宴はさらに無礼講の酒盛りとなって、乱舞も行われた。村人たちも酒盛りに参加した。

※輪鼓《りゅうご》…鼓のような独楽を空中で回してみせる芸。
※※曲舞《くせまい》…稚児と男が二人で舞う歌舞。

中世には、いろいろな芸能者が各地を遍歴していました。この日は、人形遣い一座の者たちが伏見宮家へやってきます。人形遣いは、人形を操って猿楽の芸をさせていました。この時期、猿楽というのは観世能を指す場合が多いですが、この猿楽は物真似芸のことでしょう。すなわち人形遣いは、人形にいろいろな物真似をさせてみせたのだと思います。

またこの一座には天才的な芸才をもつ少年がいて、曲芸や獅子舞などいろいろな芸を演じてみせました。宮家にはこの芸を一目見ようと、宮家関係者のみならず。伏見荘の村人たちも大勢押しかけました。

伏見宮家では、芸人の一座に酒樽などの褒美をいろいろと与えます。そして宮家の者たちは、一献の酒宴をおこないます。芸人一座も、前庭で酒樽を空けたことでしょう。それのみならず、宮家へ見物に押しかけた村人たちも、前庭で酒を飲みだしました。開け放った屋敷では宮家の者たちが、そして前庭では芸人たちや村人たちが、それぞれ無礼講の酒盛りとなったようです。

このような宮家御所の開放的な雰囲気が、伏見宮家による荘園支配が維持できた秘訣だったのかもしれません。

(6) 和歌論争

和歌を詠むというのは、中世の公家にとって一番大事な芸能でした。その和歌に対する知識も、とても大事にされていました。

応永二十三年（一四一六）五月二九日条

今日、連歌会があった。そのことで、いさかいがあった。「まのの入江」という句に「方田浦」と付けた句があった。「これについては典拠となる『帰りこん　ことは方田に　引く網の目にもたまらぬ　我が涙かな』という和歌がある。この歌は、藤原成親《なりちか》新大納言の和歌だ」と新御所様が仰った。

それに対して、私は「いえいえ、平時忠《たいらのときただ》大納言の歌です」と反論した。新御所様は、「絶対、成親卿の歌だ」と自説をかたくお譲りにならない。

それに加えて更にまた田向経良三位が「それは、平重衡《たいらのしげひら》朝臣が関東に下った時に詠んだ歌だと思いますけど」と申した。三人で言い争いになった。結局、お酒を懸けて争うこととなった。すなわち、間違っていた者が罰としてお酒を負担するというわけである。

庭田重有朝臣が、平家の人々の和歌を集めた冊子を持ってきた。それを御所様がご覧になった。平時忠大納言が能登国に配流された時に方田浦で詠んだ和歌だと判明した。それですぐに私の勝ちとなった。新御所様と田向経良三位はだんまりを決め込んでいる。皆が感心して大笑いして終わった。大きな酒甕の酒海《しゅかい》に入ったお酒をお二人がすぐに用意して、一献の酒宴となった。私としては、近ごろにない名誉だ。酒宴には椎野寺主や冷泉正永らも参加した。それ以外は、いつもの面々だった。

連歌会の席で、本歌（もとになる和歌）は誰が詠んだものか、新御所治仁王・貞成・田向経良の三者の間で論争になり、酒を賭けた争いになりました。結局、貞成の主張通り、平時忠の和歌であると判明して、貞成は鼻高々です。負けた二人は負け態《わざ》として酒海という大きな酒甕を提供しました。この酒海は、実物が考古遺物として出土しています。それをみると、お酒が四合ほど入る甕でした。私は行き付けの居酒屋で、この酒海とほぼ同様な甕で日本酒を飲んだことがあります。ただし中世のお酒は清酒ではなく、今でいうドブロクです。

（7）お寺の法律「殺生禁断《せっしょうきんだん》」

仏教には不殺生戒という、生き物を殺してはならないという戒律があります。古代中世の日本では、この戒律を僧侶ではない人々にも強制するため、殺生禁断というお寺の法律が作られました。

応永二十三年（一四一六）六月十六日条

雨が降った。日野資教一位入道が納涼のため伏見にいらっしゃった。前々から田向経良三位が伏見での納涼を約束していたらしい。惣得庵を宿に借りた。経良は惣得庵主に軽い食事を用意してもらったそうだ。

その後、宇治川の川上で船に乗った。乗船したのは、一位入道・日野西資国大納言入道・日野有光卿・山科教遠卿・四辻季保朝臣・柳原行光・日野盛光・日野量光・冷泉永宣、それと名前は知らないが酒正頭らである。田向経良三位・庭田重有朝臣・田向長資朝臣・世尊寺行豊もお供していたそうだ。

さて彼らは指月庵の眼前を流れる宇治川で魚釣りをした。ちょうどそこへ、大光明寺の僧たちが行き合った。僧侶たちがその場に向かって、「ここはお寺の殺生禁断（生き物を殺してはいけない）の区域内なので、釣りをしてはいけません」と制止したが、一位入道らは一向に聞き入れなかった。

それで僧侶たちは腹を立てて御所に参上し、「この不法を領主として制止してください」と申し上げた。大光明寺の長老も後からやって来て、「これはもってのほかの乱暴狼藉で、生き物を殺してはならないというこの土地の決まりを破ったのは、他でもない、伏見宮家の事務取扱者である田向三位と政所の小川禅啓の所行です。処罰なさらないのなら、すぐに室町幕府へ訴えますぞ」と、神仏に誓いをたてながら訴えてきた。

そのため、御所様が殺生禁止の命令書を船にいる人々に出したので、釣りを止めた。客人たちは興ざめして、京都へ帰っていったそうだ。長老の怒りはそれでも収まらなかったので、田向三位と小川禅啓はしばらくの間、伏見宮家への出仕を停止すると、御所様はお命じになった。思いがけない珍事である。

お坊さん、自分たちはお酒を飲んだりして、戒律を破っているくせに、他人には厳しいですねぇ。ちなみに、お坊さんの戒律破りの事例も紹介しておきます。

応永二十三年六月二十日条

伝え聞くところによると、今日、相国寺の人供※行者の召使い五十人が侍所の一色に逮捕されたそうだ。この僧たちは魚を食べるなど不義がいろいろあったので、取り調べのため逮捕したという。人供行者の召使いを拷問したところ白状して、さらにまた僧四〜五人も逮捕された。相国寺は混乱を極めたそうだ。

※人供…未詳。

当時の室町殿足利義持は仏教に傾倒した人でしたから、戒律破りに殊の外、うるさかったのでしょうね。

(8) 相国寺僧の武装解除

日本仏教の僧侶は、必ずしも平和を守る宗教者ではありませんでした。平安時代の僧兵をはじめとして、中世の臨済宗僧侶も多数の武器を保持していました。

応永二十三年（一四一六）六月一日条

さて伝え聞くところによると、よろしくないことに、相国寺の僧たちが武具を持っているという。それをお調べになるために、わざわざ室町殿ご自身が相国寺へお入りになったそうだ。そして、にわかに大般若経略読の法要をなさるということで、「相国寺の僧侶は全員、仏殿へ集まりなさい」というお触れを出された。それで、僧は皆、仏殿に集まってきた。

その留守中に、侍所の者と思われる武士に、寮や塔頭など寺中をくまなく捜索させたそうだ。その結果、武器が八十あまりも見つかったという。それらの武器を持っていた僧三十二人を逮捕し、侍所へ身柄を拘束なさった。ただ、この僧のうち二人は斯波義教右衛門督が身柄を預かり、あと二人は侍所から逃げ出したそうだ。残る二十八人の僧は島流しにされるようだ。この騒動の発端は、ある稚児が金属製の鞭で僧侶の頭を打ち割ったことにあるそうだ。この事件があってから、僧は武器をもつべきではないと、室町殿が厳しくお取り締まりになったということだ。

僧兵（武装した僧）と聞くと平安時代以来の延暦寺と興福寺による朝廷への強訴《ごうそ》を思い出しますが、中世後期になると状況が変わってきます。京都を本拠と定めた室町幕府は、臨済宗を幕府公認の教学としました。そのため中世後期に、臨済宗寺院の教線は大幅に拡大します。その臨済宗の中核に位置するのが、京都にある相国寺です。

その相国寺の僧たちが武器を大量に保持しているという報に接した室町殿足利義持は、自ら相国寺へ行きます。そして大般若経略読の法要をするという名目で、僧侶全員を仏殿に集めました。その間に幕府侍所の者たちが、留守になっている塔頭《たっちゅう》などを捜索したら、八十あまりの武器が見付かりました。そして、それらの武器を所持していた僧侶二十三人を逮捕・処罰したのです。

この武器所持騒動の発端は、稚児が金属製の鞭で僧侶の頭を打ち割ったことにあります。修行をする平和集団であるはずの寺院で、このような殺人まがいの事件が起こったわけです。信心深かった足利義持は、このような寺院の頽廃が心から許せなかったのでしょう。

(9) 鬼一口《おにひとくち》の絵巻物

貞成は絵巻物が大好きでした。そのため、『看聞日記』にはいろいろな絵巻物が出てきます。

応永二十三年(一四一六)六月十三日条

椎野寺主から絵巻物二巻を借りた。鬼一口の物語である。とても古いもので、すばらしい絵である。後で聞いたところによると、大覚寺殿の絵だそうだ。もともと後白河法皇の蓮華王院宝蔵にあった絵の類だろう。

『看聞日記』にはじめて出てくる絵巻物が、この鬼一口の物語でした。鬼一口とは特定の絵巻物のことではなく、『伊勢物語』第六段「芥川の段」のように、鬼が一口で人を食べてしまう説話や絵巻物のことです。ただここに出てきた鬼一口の物語が、具体的に何という絵巻物であるかは分かりません。こういう事例にであうたびに、現代では失われた絵巻物がいかに多いかを痛感します。

なお、この六月十三日条の末尾に「もともと後白河法皇の蓮華王院宝蔵にあった絵の類」という表現があります。後白河は絵巻物の一大コレクターで、それが蓮華王院の宝蔵に収められていました。このように蓮華王院の宝蔵に収められていた絵巻物は、「宝蔵絵」と呼ばれていました。ところが後白河の死後、宝蔵絵は各所に散乱していき、その多くが失われてしまったと考えられています。とても残念なことだと思います。

(10) 桂地蔵の信仰

京都近郊の山城国桂里に、辻堂の石地蔵がありました。このお地蔵様をめぐっては、不思議なお話が伝わっています。

応永二十三年（一四一六）七月十六日条

伝え聞くところによると、山城国桂里にある辻堂の石地蔵で、去る四日、とても珍しく不思議なことがあったという。その詳細は、次の通りだ。阿波国に身分の賤しい男がいた。ある時、小柄な法師が一人来て、「私が住んでいる草庵は壊れて、雨露にも耐えられません。それで建て替えようと思っています。あなたが来て建てて下さい。頼みます」と言った。男は「私は貧しくて、食べていくことさえもままなりません。ましてや妻や子を捨てて、他所へ出かけることなど、できるわけがありません」と断った。小柄な法師は重ねて、「そのことはお助けしましょう。ただ来て下さい」と言った。それですぐに男はその法師と出かけた。阿波国から山城国へ行くのに三日はかかる。ところが、ほんのわずかな時間で、山城国へ到着した。

壊れた辻堂には石地蔵が安置してあった。辻堂を建て直そうとする人もいない。小柄な法師も姿を消してしまった。近くにいた人にここはどこかと男が尋ねると、山城国桂里《かつらざと》だと答えた。それでこの男は、「さてはこのお地蔵様がここまで俺を連れてきて下さったのだな」とありがたく思った。しかし、桂里には知り合いもいないし、このままではどうしようもない。そう思ってとりあえず京へ上ろうとしていたところ、さきほどの小さな法師が現れて、「どこへも行ってはいけません。ただここに住んでいて下さい」と言って、また姿を消した。それでしかたなく辻堂に佇んでいた。

一方、西岡に住んでいる竹商人の男がいて、日頃、この辻堂が壊れていることに心を痛めていた。その竹商人がこの辻堂に来て休んでいると、あの阿波国の男と出会い、二人で雑談をした。阿波国の男が、今回のことを最初から話して、地蔵の優れた法力は不思議であると語った。そして「辻堂の再建を一緒に手伝ってください」と言ったら、西岡の男は、筋違いの事を言う乞食坊主だと散々に悪口を言い合った。そのいさかいが白熱して、とうとう西岡の男は刀を抜いて阿波の男を突き刺そうとした。それで阿波の男は逃げ出した。さらに西岡の男は頭に血が上って、その石地蔵を切りつけた。そうしたら、男の腰が抜けて気が狂ってしまった。

近所の者たちが集まり、この騒動を見ていて、お地蔵様の罰はやはりてきめんだと言って、皆で石地蔵を拝んだ。さて気が違った男はしばらくすると正気に戻り、お地蔵様にお詫びした。そして「この御堂を建て直してお地蔵様にお仕えします」とお祈りしたところ、すぐに腰も立ち、頭もスッキリした。それで出家しようとしたら、夢に地蔵が出てきて、「法師になってはいけません」と仰るので、男は白い狩衣姿で、地蔵に神官として奉仕した。

地蔵を突き刺した腰刀は散々にゆがんでいた。その腰刀を御堂に懸けて、参詣者に拝ませた。一方、阿波の男は法師になるように地蔵が命じていたので出家して、西岡の男と二人で御堂再建の進行役をした。やがてこの事件が世に知れ渡り、大勢の者たちが参拝に来たので、銭などいろいろなお供え物が山のように貯まり、御堂の再建はすぐに竣工した。

この石地蔵への願い事はすぐに叶った。特に病気の者にてきめんで、盲目の者がお祈りするとすぐに目が見えるようになった。その霊験あらたかなことは全国に知れ渡り、参詣者は何千何万ともなった。人々はこの地蔵堂へいろいろと風流な囃子物で行列を組みながら、お参りした。このところ、京都でも地方でも、この桂里の石地蔵のうわさでもちきりだ。伝え聞いた話で信用しがたいが、いろいろな人から耳に入ったので、記しておく。それにしても、道理に合わない話である。

この桂地蔵の霊験は、多くの人のウワサとなりました。貞成は「道理に合わない話」だと批判しながらも、そのわりには興味津々で長文のウワサを書き留めています。そしてご多分に漏れず、貞成の周囲でも桂地蔵を信仰する人たちが現れてきます。

同年七月二十三日条

綾小路信俊前参議・田向経良三位・田向長資朝臣・寿蔵主たちが早朝、桂地蔵へ参詣に行った。帰ってきて言うことには、うわさで聞いていたように、地蔵様のお顔には傷が見えました。この傷は次第に癒えて、小さくなっているとか。とても珍しく不思議なことだ。

さらにそのウワサは、熱狂的な信仰へと拡がり深まっていきます。

同年八月九日条

今日、京都の桂地蔵に、物真似やお囃子をする行列が参ったそうだ。室町殿と斯波義教勘解由小路右衛門督、この両家の奉公人たちが集まって、田植えの様子を物真似したものだという。それは、金襴緞子《どんす》の衣装を着るなど、人々の目を驚かすものだったらしい。また別の集団による山伏の峯入りする様子を真似した行列もあったという。それは山伏が背負う笈※などの道具類を高級な中国製のもので仕立ててあり、まれに見る見物だったらしい。最近、京都とその周辺の人々は、桂地蔵への参詣に熱中しているそうだ。先年、北山へお囃子をしながら地蔵送りしたのと似ている。日がたつにつれて、桂地蔵のご利益《りやく》は著《いちじる》しくなっている。特に病人へのご利益があらたかだそうだ。

※笈《おい》…旅する修験者や僧が、仏具などを入れて背負った足つきの木箱。

この後も伏見荘の村人たち、さらには伏見宮家の人々も御所様栄仁親王の病気平癒を願って、桂地蔵へ参詣するようになります（八月十五日・十七日条）。貞成自身も桂地蔵へ願書を奉納し、祈願が成就したらお礼の参詣をしようとまで言っています（八月十五日条）。

大流行となった桂地蔵信仰ですが、その後、とんでもない真相が明らかにされます。

同年十月十四日条

聞くところによると、桂地蔵に奉仕していた阿波国の法師とその一味の者ども七人が室町幕府によって逮捕され収監されたそうだ。その法師は阿波国の住人ではなく、桂近郷の者だった。一味の者ども数十人は、いろいろと謀略をたくらみ、地蔵菩薩像にキツネを付けて、不思議なことをやらせたらしい。また病人と共謀して、多くの病が治ったように見せかけたり、あるいはもともと盲目ではない者に盲人の真似をさせ、治って目が見えるようになったと演じさせたらしい。以上のようなことがあの法師らの仕業だということが明るみに出たので、逮捕して尋問したところ、自白したという。西岡の男は共謀者ではないそうだ。それで彼はこれまで通り、桂地蔵に奉仕しているという。

このように、霊験譚は作り話だったことが明らかになり、首謀者は逮捕されました。これで貞成は当初の「道理に合わない話」だという思いを強めたかと思ったら、意外な展開となります。

同年十月十四日条（続き）

いろいろと考えてみるに、地蔵を信仰しない一部の者がこのように言いなしたのではなかろうか。たとえ一部の病人と共謀したことがあったとしても、多くの人が地蔵菩薩の恵みを受けたことを、どうして謀略と言えようか。地蔵の霊験は人の力の及ぶところではないはずだ。それにしても、不可解な事件である。その一方で、多くの人が参詣していることは、以前と変わりがないそうだ。

この謀略は一部の者によるものに過ぎず、桂地蔵の霊験は人力の及ばないところだと、貞成は絶賛しています。その後十月二十二日にも、庭田家の侍であった行光が御所様の願いを叶えるため、桂地蔵に参詣しています（同日条）。謀略を越えて、桂地蔵信仰は深く拡がっていったのでした。

(11) 漢方薬と中国人の物真似――唐物の流行――

応永二十三年（一四一六）八月二十一日・二十三日条には、中国と日本の密接な関係を示す二つのお話が書かれています。

二十一日条

昌者が来た。漢方薬の十四味建中湯と腰に付ける塗り薬などを持ってきたという。高価な薬だと言う。御所様のために特別に調合いたしましたとも言ってる。それで、青銅製の花瓶や扇などをご褒美としてお与えになった。

まず二十一日には、医師の昌者《しょうき》が御所様のために「十四味建中湯《みけんちゅうとう》」という腰痛に効く漢方の塗り薬を調合した話が出てきます。十四味建中湯は現代日本ではあまり聞かない漢方薬ですが、中国では現在も常用されているようで、黄耆《おうぎ》・人参《にんじん》・白朮《びゃくじゅつ》・茯苓《ぶくりょう》・甘草《かんぞう》・半夏《はんげ》・当帰《とうき》・白芍《しゃくやく》・熟地黄《じゅくじおう》・川芎《せんきゅう》・麦冬《ばくとう》・肉蓯蓉《にくじゅよう》・附子《ぶし》・肉桂《にっけい》の十四種の生薬を調合したものだそうです。

二十三日条

二十三日、雨が降った。地蔵※へのお囃子は、京都に入ってきた中国人の物真似で、四条大路と烏丸小路の交差点から桂まで行進したそうだ。これまでのお囃子行列のなかで、これほど手の込んだものはなかったという。すごくすばらしいと専らの評判である。

※「地蔵」…桂地蔵であろう。

次に二十三日条では中国人を物真似した行列が、洛中の四条大路と烏丸小路の交差点付近から桂地蔵まで行進したという話で、それはそれはすばらしい芸能だと評判になったようです。漢方薬と中国人の物真似。当時は唐物といって、中国からの舶来品が大人気でした。また唐物を模した国産品も多数作られています。貞成自身も、やはり唐物大好き人間でした。

(12) 足利義持の東大寺大仏彩色修理

東大寺の大仏は現代でも大人気の仏様ですが、中世においても同様でした。

応永二十三年(一四一六)九月四日条

さて室町殿はこの十一日に奈良へ出かけるとのことだ。足利義持殿の代になってから、まだ春日神社への正式な参詣はない。それで行列を整えて参詣することになろうという。お供する公卿は三人、殿上人は七人らしい。また東大寺の大仏の彩色が落ちているで、修理なさるらしい。砂金を数百両、金箔細工の者たちに与えたそうだ。その砂金を相国寺で金箔に打つ。相国寺の僧がその作業の監督をするという。室町殿の夢想にご自身が謹慎しなければならない事があったそうだ。それで大きな祈願をおこされて、御祈祷するということらしい。

足利義持といえば、熱烈な臨済宗信徒で有名です。ところが義持は、夢で自分が謹慎しなければならないと悟り、大きな祈願を立てて大仏の彩色修理を思い立ちました。東大寺は言うまでもなく禅宗寺院ではなく、奈良仏教の華厳宗です。しかし大仏はそうした宗派性を越えて、多くの日本人から崇敬されていました。臨済宗オタクの義持も、そのような日本人の一人であったといえましょう。ただ砂金から金箔を打ち出す作業を臨済宗の相国寺にまかせたところは、義持らしいやり方ですね。

(13) 御香宮祭礼と伏見宮家

九月九日は菊の節供ですが、伏見荘では惣荘鎮守社である御香宮の祭礼の日でもありました。その祭礼の模様を見てみましょう。

応永二十三年（一四一六）九月九日条

九月九日節供のお祝いをいつもの通り行った。御香宮の祭礼があった。飾り物の笠やお囃子の行列などが来た。御所様は伏見宮家の殿上の間からご覧になった。飾り物の笠は大きすぎて門から入れることができなかった。そのため、薮を切り開かせて、中へお入れになった。ここ四～五年は庭田家で神輿行列を見物なさっていたが、今年は忙しくて接待できないと庭田家が申し出てきた。そのため今年は御所でご覧になったのである。ご見物の後すぐに殿上の間で一献の酒宴があった。田向経良三位・庭田重有朝臣・田向長資朝臣・世尊寺行豊・寿蔵主・周郷らが参加した。宮家の女性たちも同じく参加した。見物人たちが大勢集まった。私は、今日から百ヶ日の間、琵琶や和歌などの練習を始めた。

九月九日は定例の御香宮祭礼で、飾り山笠やお囃子の行列が領主である宮家へ挨拶に来ます。例年では庭田家でこの祭礼行列を見物するのですが、今年は庭田家が多忙なので、宮家御所で見物することになりました。ところが飾り物の山笠が大きすぎて御所の門を通れません。それで急遽、生け垣の薮を切り開いて、御所様栄仁親王たちは山笠を見物しました。その後、御所の殿上の間で、家司らとの酒宴になります。この後、十一月二十日に栄仁親王は亡くなりますので、今回が最後の御香宮祭礼見物となりました。

ちなみに貞成はこの日から百ヶ日間、琵琶や和歌の稽古を行います。この百ヶ日稽古は、この後ほぼ毎年、続けられました。

（14）立春改年と陰陽師

皆さんは、一年の始まりはいつだとお考えでしょうか。そんなのは一月一日に決まっているだろうという声が即座に返ってくるでしょうが、実はそう単純なことではありませんでした。

応永二十四年（一四一七）一月十日条

今日は節分だ。陰陽師の土御門泰家が新しい暦と占いの書などを献上してきた。献上するには時期が遅すぎるのではないだろうか。もしかしたら、立春をもって新年とする考えに基づいての献上なのかもしれない。陰陽道の考え方とはこのようなものなのであろうか。

古くから「年の始め」は、小正月・大正月・立春という三通りの考え方がありました。春になってはじめての満月の日を、小正月といいます。そして中国から伝わった太陰暦の一月一日のことを、大正月といいます。

それに加えて、太陽暦の立春も「年の始め」でありました。立春の前日を節分といいます。節分の日には、「鬼は外、福は内」と唱えながら豆を蒔きますね。これは年末に行う追儺《ついな》（鬼遣《おにやらい》）と同じ意味をもつ行事なのです。

陰陽師が新年の暦と八卦占いの本を立春の前日である節分の日に貞成に献上してきました。貞成はこの献上は遅すぎるといぶかりますが、もしかしたら陰陽師は立春を新年と考えているのではないかと推測します。中世の公家がもつ暦に関する感覚が伝わってくる、貴重な証言といえましょう。

(15) 高僧が住民に襲われる

先に中世の僧侶が武装していた話をしましたが、もちろん中世の民衆も武装していました。そしてその民衆の武力は、寺院の高僧に対しても容赦はしませんでした。

応永二十四年(一四一七)二月八日条

さて聞いたところによると、醍醐と山科とで争い事があったそうだ。以前に醍醐の住民が山科の住民を捕まえて殴りつけたそうだ。この怨みを晴らそうとしていたところ、醍醐から玉櫛《たまくし》禅門が帰る途中、出会った山科の住民が玉櫛を捕まえてしまった。すぐ山科に連れ帰って縛りつけておいたところ、「私は醍醐の住民ではない」と玉櫛がいろいろと説明しても、山科の住民は取り上げようとはしなかった。そして、玉櫛を斬り殺そうかどうしようかと相談していた。そこで玉櫛を知っている人が「よろしくないから、殺すのは止めなさい」と制止したので、住民たちは玉櫛を解放したという。玉櫛は這《は》いつくばりながらお帰りになったという。

このことを醍醐寺三宝院主へ玉櫛が訴えたら、三宝院主はとても驚いたそうだ。そして三宝院主が室町殿へ通報したところ、すぐに侍所の一色をお呼び寄せになった。それでこの七日に侍所の軍勢が山科に攻め寄せたら、住民たちは全員逃げ去っていった。そこで、山科住民の家を百軒ほど焼いて帰ったという。玉櫛としては屈辱を晴らしたものといえよう。それにしても、思いがけない出来事である。

貞成の知人である玉櫛禅門が、山科の住人たちに捕まり、危うく殺害されそうになったというお話です。実はその背景に醍醐の住人たちと山科の住人たちとの間に相論があり、玉櫛禅門は醍醐寺の住人と勘違いされて、捕縛されたのでした。

ところがたまたま玉櫛禅門を知っている人が仲裁に入り、玉櫛禅門は這いつくばりながらもなんとか逃げ出しました。その後、この件は、玉櫛禅門→醍醐寺三宝院→足利義持へと通報され、侍所一色の軍勢によって山科住人の家百軒が焼き討ちされました。

人間違《ひとまちが》いで危うく殺害されそうになった高僧。中世社会の一端が垣間見られるようなエピソードです。

(16) 芳徳庵老庵主との和歌贈答

性別を問わず、年齢が離れていても、芸能や文学を通して心が通うというのは、うれしいものです。

応永二十四年（一四一七）四月八日条

芳徳庵主から手紙が来た。「先日の貞成様の琵琶の音色を聞いて、昔のことをいろいろと思い出しました。そしてそのことを陽明局にお伝えしたい」として、和歌が一首載せられていた。

諸共に　調べ慣れにし　四の緒に
　深き哀れの　音をや添うらん

陽明局にこの芳徳庵主の和歌を見せて、私から返歌をした。

思いやれ　共に調べし　四の緒の
　ただ一筋に　かかる哀れを

君に今　問われていとど　葦田鶴《あしたず》の
　友を離れし　音《ね》をぞ添えぬる

和歌の浦に　慣れにし後の友千鳥《ともちどり》
　今も昔の　音をば添えてよ

翌日、芳徳庵主から重ねてまた返歌があった。

久しかれ　友恋い侘《わ》ぶる　葦田鶴よ
　浜の真砂《まさご》も　読み尽くすまで

あわれ如何《いか》に　一方《ひとかた》ならぬ面影を

忘れ形見に　袖濡《そでぬ》らすらむ
和歌の浦に　通うとならば　友千鳥
昔の跡に　何か変わらむ

先日の私の歌がとてもよかったと、懇《ねんご》ろにお褒《ほ》めいただいた。この年老いた尼さまは、二条為定《ためさだ》卿の娘さんである。すでに八十歳を過ぎている。古老であり、和歌の道の熟練者であり、友とするに十分なお方である。

これは、二条為定の娘で八十歳を過ぎた芳徳庵主が貞成と和歌の贈答をした話です。芳徳庵主は先日、貞成が弾く琵琶の音色を聴き、往時の宮家での交流を懐かしく思いだしたようです。その感慨を詠んだ和歌を貞成に送り、陽明局にもお伝え下さいと書き送っています。陽明局は栄仁に仕えた女房で、この時点では既に出家して惣得庵で暮らしています。貞成は時に四十六歳です。自分の年齢の倍近い老尼と心を通わせ、熟練の和歌に感動しています。なお、貞成の返歌に出てくる蘆田鶴は鶴の別名です。底本の和歌はもちろん歴史的仮名遣いですが、ここでは現代仮名遣いに直しました。

(17) 御香宮の祭礼行列

前にも御香宮九月九日祭礼のお話をしましたが、その祭礼行列の詳しい様子が分かる記述がありました。

応永二十四年（一四一七）九月九日条

田向家に設営した見物席へ移った。宮家の女性たち、対御方・近衛局・私の妻である今参局らが一緒だった。惣得庵の尼たちや宮家の男女大勢も、見物席に入った。見物席は、櫓《やぐら》の形に組み上げられていた。

まず一献の酒宴をした。しばらくして、御香宮祭礼の行列がやって来た。まず最初に風流《ふりゅう》笠と囃子物が来た。次にお神輿。そして巫と神主がそれぞれ馬に乗ってきた。

その後にお祭りの当番である小川新左衛門有善が、薄色の絹の狩衣を着て馬に乗ってやって来た。有善には、いつものように召使いの男児四人と従者が練り歩いて付き従っている。

そして数十人の警備兵。警備兵はいろいろな鎧を着ており、とても美しい。彼ら警備兵は小川禅啓の宿願により、この行列に組み込まれたそうだ。

さらにまた数十人の警備兵。この警備兵たちは皆、美しい鎧や腹巻を着けている。この中には、小松内大臣平重盛の鎧が二つあるそうだ。赤糸で鎧の小札を結びつけており、前立てなどの金物は銀ということで、特に美しい。この警備兵たちは、土倉（本書「一（6）宇治川の船遊び」参照）である宝泉房の立願により、この行列に組み込まれたものである。次にまた風流笠と囃子物などが来た。

今年の祭礼の趣向はとても立派で驚いた。神輿の巡行が無事終わって、めでたい限りである。神主三木善理の子息である元服したばかりの若者も、（巫《かんなぎ》として）列のお供をした。新しく任命され神主である三木善国も同じようにお供していた。

祭礼の行列が去った後も、一献の酒宴が何度も重なり、最後は無礼講の酒盛りになった。田向三位や世尊寺行豊たちが雅楽を演奏してくれた。とても酔っ払ってから、宮家へ帰った。

同年九月十日条

獅子舞が来た。いつものように褒美を与えた。今夜は、山田宮で猿楽がある。

九月九日重陽の節供のお祝いをした後、貞成たちは田向家に設営した桟敷（見物席）に行きました。そこで一献の酒宴をしていますと、伏見荘の惣荘鎮守社である御香宮祭礼の行列がやってきました。まず最初に衣笠《きぬがさ》（大きめの傘）の上にいろいろな飾り物を付けた風流笠が、登場します。それに、笛や太鼓で拍《はや》すお囃子連中が続きます。

その後、祭礼当番の地侍・小川有善が数十人の美しい警備兵を引き連れて行進してきました。日記には記述がありませんが、その次に神輿が来て、神輿のあとにも数十人の美しい警備兵が付き従っていました。この後列の警備兵は、土倉の宝泉房が立願のため新たに加えたものだといいます。この行列の美しさに、貞成はたいへん感動しています。

祭礼行列が立ち去った後、貞成たちは酒盛りを楽しんでいて記述がありませんが、例年この後、御香宮では神事猿楽と神事相撲が行われています。

また翌日には、御香宮から獅子舞が宮家へ来ます。そして、山田宮では猿楽が演じられました。

なおこの年は神主の三木善理が弟の盗犯のため、伏見荘から逃亡中です（本書「五 中世の合戦と犯罪（3）即成院強盗事件」参照）。そのため、新たに三木一族の三木善国が神主を務めています。また逃亡中の善理の子息で、元服したばかりの若者も、巫として行列に加わっていました。

⑱ 老女二人の酔狂

高貴な家には主人に仕える女房がいましたが、その女房に使える局女《つぼねめ》と呼ばれる女性たちもいました。伏見宮家には、別当尼公と中尼公という二人の年老いた局女がいました。

応永二十五年（一四一八）四月十五日条

夜、対御方の局女である別当尼公が酒樽をもってやってきた。尼公を私の御前に呼んだ。名月に浮かれて、尼公は声を張り上げて歌った。陽明局の局女である中尼公も同じく酒宴に参加していた。さらに酒盛りとなり、老いた尼公は年甲斐もなく踊り狂っていた。面白かった。

宮家の女房である対御方に仕える局女である別当尼公が、酒樽をもって貞成のいる常の御所へ来ました。この年老いた局女を貞成の御前に呼んで名月を観賞していると、別当尼公が声を張り上げて歌い出しました。これは和歌でしょうか。

ここには別当尼公だけではなく、陽明局の局女である中尼公も酒宴に参加していました。名月観賞の酒宴が終わり気楽な酒盛りになると、二人の尼公は乱舞という手踊りを始めます。老女二人が年甲斐もなく踊り狂っているのを見て、貞成は面白がっていたのでした。

応永二十八年（一四二一）四月二十二日条

東御方の局女である別当尼公が、今日、引退するそうだ。長年仕えてくれた。もとは私の母である故西御方が召し使っていた者であった。母が亡くなってからは、東御方が引き継いで別当尼公を局女として使っていた。

古くからの功労があり、引退させるのは特にかわいそうである。しかし東御方のやりくりが苦しく別当尼公をこれからも雇用するのは難しい。それで、引退させることになったそうだ。

別当尼公は伏見荘山村あたりに小さな寺庵を建立して、そこに移り住むという。寿蔵主がいろいろと生活面の面倒をみて下さるそうだ。

乱舞で貞成を楽しませた局女の別当尼公ですが、主人である東御方の経営が苦しいということで引退して、伏見荘内山村の小さな寺庵へ移住することになりました。その後の別当尼公の生活は、寿蔵主が援助してくれるとのことでした。貞成もこの引退を心から惜しんでいるようです。

(19) 盲目の女芸人愛寿・菊寿

目が見えなくともすばらしい才能を発揮する人たちは、中世にもいました。ここでは、そのような盲目の女芸人愛寿と菊寿をご紹介します。

応永二十五年(一四一八)八月十七日

夜に盲目の女芸人である愛寿と菊寿が来た。愛寿は、これまでも伏見に来たことがある。菊寿は初めてだ。この菊寿は、愛寿のお弟子さんだそうだ。御前に呼んで、芸能をさせた。今様を五～六句歌った。※芝殿以下、大勢の聴衆が集まった。今様を詠い終わってから、褒美を与えた。褒美の品は、練香、髪の結び紐や檀紙十帖である。その後、台所でまた一～二句歌った。

※「今様を五～六句歌った」…底本では「五六句申」とだけ書かれているが、後文に「歌了わりて」とあるので、今様と解した。

盲目の女芸人愛寿と菊寿が伏見宮家へやって来ました。そして貞成の御前に大勢の聴衆も集まり、今様を歌います。それに対して貞成は、練り香など褒美を与えます。その後、二人は台所でも今様を歌います。この台所での歌唱は、いわばアンコールなのでしょうね。

⒇源氏物語の読書会

源氏物語は、中世でも高い人気を誇る文学作品です。しかし仮名だけで書かれた文体は、さすがに中世人でもなかなか歯が立たなかったようです。それで、源氏物語の読書会が開かれることになりました。

応永二十六年（一四一九）五月六日条

さて源氏物語についてては無学なので、桐壺の巻から順番に読んでいる。この読書会は宮家の女性たちや田向長資朝臣が主催して、庭田重有朝臣が音読している。毎日読んでいるので、合間に食べる軽食を侍臣や女房たちが当番で用意しているそうだ。

貞成は、源氏物語を読んだことがありませんでした。そこで同物語の第一巻「桐壺」から読み始めます。とはいっても一人で黙読しているわけではなく、庭田重有に音読させて宮家の女性たちや田向長資らと一緒にそれを聞くというやり方です。合間の軽食も用意して、楽しそうな会ですね。

源氏物語の読書は、さらに続きます。

同年五月十九日条

世尊寺行豊から源氏物語を借りる。

同年五月二十日条

世尊寺行豊朝臣が来た。伏見宮家で源氏物語の本を全巻持っているわけではないので、行豊朝臣が持っている本を少し借りだした。最近は、毎日、源氏物語を読んでいる。その内容は多すぎて、ここに書くことは出来ない。

同年五月二十三日条

源氏物語の少女《おとめ》の巻を読んだ。世尊寺行豊朝臣や行蔵庵主寿蔵主も、源氏物語の音読を聞いていた。お酒を飲み、その後、蹴鞠をした。

宮家には源氏物語が全巻揃っていないので、世尊寺行豊から借りることになりました。五月六日に第一巻の桐壺を読み始めて、十七日目には第二十一巻の少女まで読み込んでいます。ほぼ一日に一〜二巻を読み次ぐペースですから、ほとんど源氏物語漬けの日々だったと思います。そして二十三日には読書の後、お酒を飲んで蹴鞠をしています。まさに平安貴族そのものの生活を満喫している感じなのでしょうね。

ただ室町人とはいえ、正確に音読できたかどうか。また正確に音読できたとしても、それだけで意味が理解できたかどうか、疑問に思います。たぶん手頃な注釈書を傍らに置いて、あれやこれや議論しながら、少しずつ読み進めていったのではないでしょうか。それもまた、さぞや楽しい会だったのではないかと思います。

なお、応永二十六年六月十二日に源氏物語玉鬘《たまかずら》十帖の野分《のわき》（二十八巻）と行幸（二十九巻）を、さらに翌応永二十七年三月三十日に同じ玉鬘十帖の真木柱《まきばしら》（三十一巻）を読んだという記事を最後に、読書会の記録は見られなくなります。玉鬘の話まで読んで、飽きてしまったのかもしれませんね。

(21) 八幡神と連歌をした夢

中世人は、夢をとても大事にしました。そして夢に出てきた神仏のお告げによく従いました。また神仏と連歌の読み合いをすることも、しばしば見られました。

応永二十七年（一四二〇）閏正月十一日条

さて今日の明け方の夢で、石清水八幡宮にお参りして、神様と雑談をした気がした。私が連歌の最初の句を詠んだ。

君ならで　頼む陰なき　我が身かな

神様が二の句を付けてくれた。

昨日のふみの　文字の薄墨

第三の句を脇にいた人が付けてくれたが、その句ははっきりしない。世間話をしている場面で、夢が覚めてしまった。不思議な夢想なので、記しておく。神様が付けてくれた第二の句の意味もよく分からない。この夢の吉凶はどうだろうか。

貞成が石清水八幡宮の神様と連歌を詠んだ夢をみました。貞成が詠んだ発句は、「八幡の神様以外に頼りにする方はいない私の身の上です」というような意味でしょう。八幡神が詠んだ二の句は直訳すると「昨日のお手紙の文字の薄い墨色」ということになりますが、前日の十日条には書状に関する記事は何もありません。ただこの年の正月十日、石清水八幡宮で次のような怪異がありました。

同年正月十日条

早朝に石清水八幡宮の男山が何度も鳴り響いた。これは国家的な怪異であり、何が起こる予兆なのだろうか。

これは、夢を見た日からちょうど一月と一日前の十日のことです。この男山鳴動が、もしかしたら八幡神からの「昨日のふみ」に当たるのかもしれません。そうであっても、依然として意味は分かりませんが。

(22) 桂地蔵堂の放下《ほうか》

先ほども触れた桂里の地蔵堂へ貞成たちが久しぶりに参詣したところ、お堂の門前で放下という遍歴の芸能者が奇妙な芸を披露していました。

応永二十七年（一四二〇）二月十一日条

さて（寿金剛院からの）帰路に近いので、桂地蔵堂へ参詣した。再建された御堂はきれいだった。しばらくお祈りしていたら、門前で放下をする者がいた。太刀《たち》や刀《かたな》を持って狂ったように飛び跳ねていた。宮家の男どもが見物していた。男どもは放下師の様子が変わっていると言っていた。輿を立てて、そこから見物した。まことに奇異な振る舞いで、なんとも形容のしようがない。褒美として扇を与えたら、すぐに帰っていった。

嵯峨野における足利義持の行列を見物した後、宿舎にしていた椎野寺主の浄金剛院《じょうこんごういん》から伏見荘への帰り道、貞成は地蔵の霊験で有名になり再建された桂地蔵堂に参詣しました。その門前で偶然、奇妙な振る舞いをする放下の芸を見物します。放下とは、小歌を唄い手品や曲芸などをする芸人です。僧形でも烏帽子を被るなど、異形の者が多かったようです。なお底本では「放歌」と記しています。ひととおり芸が終わって、貞成が褒美の扇を与えたら、奇妙な放下はすぐに帰っていきました。

(23) 北野天神の発句《ほっく》

ある人が、北野天神の発句に出雲大神が二の句を付けるという夢を見たそうです。それが話題となって、宮家でも三の句を付けて北野天満宮へ奉納することになりました。

応永二十七年(一四二〇)六月二十五日条

北野天神が連歌の第一句を詠み、出雲大社の神が二の句を付けたと、ある人が夢で見たそうだ。それで、大勢の人が神が詠んだ第一句・第二句に続く句を付けて、奉納したそうだ。

幾千代の　松の色とや　朝日寺

宮造りする　雲の丈尺

宮家でもこの付け句の奉納をすることになった。宮家の男女に勧進の付け句を募った。連歌を知らない人は別の人に付け句をしてもらって、それに自分の名前を書いた。一献の酒宴の際に、皆が付け句を出した。善基が幹事となった。参加者はいつもの通りである。それに寿蔵主以下、村人たちも参加した。

ある人が夢想でみた北野天神の発句《ほっく》・出雲神の二の句に対して、続く第三句を付句《つけく》して奉納するのが、京都とその周辺で当時ブームになったようです。北野天神への信仰厚い貞成と宮家の人々も皆、酒宴の際にそれぞれ第三句を詠み出しました。それを幹事の即成院善基が取り集めて、北野天満宮へ奉納しました。このような神様との連歌会を、中世の人は喜び、楽しんだのです。

(24) 疫病と夢想・怪異・神託

疫病が蔓延すると、人は不思議な夢を見るようです。今回、不思議な夢を見たのはなんと後小松上皇でした。

応永二十八年(一四二一)五月二十八日条

冷泉正永が来て、世間話をしてくれた。京都市内では病死する人たちがますます増えており、非常事態になっているそうだ。

最近、上皇様が不思議な夢をご覧になったという。相国寺の門前に牛が千頭ばかり群れ集まり、門内に入ろうとしている。ところが門番がこれを食い止め、牛たちを追い出した。先頭を歩いている牛が声を発して「ここは、誠に座禅を組む場所だ。入ってはいけない」と言ったそうだ。それで牛たちは散り散りになって京都市内に乱入した。その夢の中で人が「この牛たちこそ疫神《えきじん》だ」と言ったという。そして上皇様の夢は覚めたらしい。

足利義持室町殿が上皇御所へ行かれた折に、上皇様がこの夢のことをお話しになった。それですぐに室町殿は相国寺へお入りになり、法会の座につくよう、僧たちにお命じになった。それで僧たちは勤行《ごんぎょう》をしたそうだ。不思議な御夢である。

この年、京都で疫病が蔓延し、大勢の人が病死しました。その最中、後小松上皇が不思議な夢を見ました。相国寺の門前に大勢の牛が群れ集まりましたが、門番が牛を追い払います。そのため、牛たちは散り散りとなって京都市内へ乱入しました。その夢の中である人が「この牛たちこそ疫神だ」と言ったそうです。疫神の代表格である祇園感神院に祀られているのは牛頭天王です。そのイメージから牛が疫神だとされたのでしょう。この夢の話を聞いた足利義持は相国寺へ行き、僧たちに疫病退散の法会をするよう命じたそうです。

この日の日記にはさらに、次のような記事が続きます。

同年五月二十八日条（続き）

奈良の春日神社で怪異があった。社頭で鹿が倒れ変死して、血を流していたそうだ。（中略）

【頭書】春日神社の御託宣。人民は死亡し、火事や兵乱があるだろうとの神託があったそうだ。

奈良の春日神社では、境内にいた鹿が変死して血を流すという怪異がありました。それに応じるかのように、人民は死亡して、火事や兵乱があるだろうという春日神の託宣もありました。この怪異や神託も、疫病と関連するものと信じられたようです。

(25) 大施餓鬼会《おおせがきえ》をめぐる勧進僧と河原者《かわらもの》の争い

秋のお彼岸なので、去年の飢饉や疫病で亡くなった大勢の人々を弔うため、大規模な施餓鬼会を賀茂川五条河原で行うことになりました。その計画が、予想外の方向へ進展していきます。

応永二十八年（一四二一）九月六日条

さて今日、賀茂川の五条河原で大施餓鬼が行われるはずだったが、この雨風で延期になったそうだ。去年の飢饉や疫病で大勢の人が亡くなった。その追善供養の施餓鬼を行うため、寄付を集めた僧たちがいたという。

その寄付集めの僧として、往来を歩き回り寄付を集める僧たちが結集したそうだ。そして死骸の骨を集めて、地蔵菩薩の像を六体造った。また大きな石塔を建てた。その地蔵像や石塔を供養するため、施餓鬼を行おうとしたそうだ。

これまでお経を読み、大勢が集まって見物席も作った。室町殿もご見物なさる予定だったという。この施餓鬼は五山僧が勤仕することになっていたらしい。

秋のお彼岸で、賀茂川五条河原で大規模な施餓鬼会が計画されました。そのために勧進僧たちが大勢集まって施餓鬼会実施のための寄付を集めました。

そこで興味深いのは、五条河原に遺棄されている白骨を集めて六体の地蔵菩薩を建てるという計画です。これは、関西地方で現在でも見かける骨仏《こつぶつ》の先駆的な事例ではないでしょうか。この大施餓鬼会の計画は、その後どうなったのでしょうか。

同年九月七日条

今日はお彼岸の最終日である。この七日間、身を浄めて写経をして、お経を読んだ。さて賀茂川河原の施餓鬼会であるが、勧進僧が主催して五山の僧衆が勤行するのはよくないことだと、比叡山が反対しているそうだ。室町殿も、見物するとは全く仰らなくなったようだ。

また寄付を集めた僧と河原者とが喧嘩して、僧が二人突き殺されたという。施餓鬼の供物や道具も散々荒らされて、河原者たちが持ち去ったらしい。よほど分を越えた行為だったので、天魔が妨害したのかもしれない。昨日の大風大雨で施餓鬼の場も散々なことになったという。

寄付によって山のように集められたものは、京五山の各寺院へ移された。その寺々でそれぞれ施餓鬼を行うようにと、将軍からご命令があったそうだ。すべて天狗の妨害によるものであろう。不思議なことだ。

勧進僧の計画には、比叡山延暦寺から横やりが入りました。そのため、足利義持室町殿も、比叡山に遠慮して、見学するとは言わなくなります。それで大施餓鬼会の実施が宙に浮き、集まった供物などをめぐって勧進僧と五条河原に住む河原者との間で喧嘩となり、施餓鬼会場の品々を河原者たちが持ち去ってしまいました。

また略奪を逃れた品々は京五山の臨済宗寺院へ移され、それらを原資として各寺院で施餓鬼を行うよう、義持が命じたのでした。

(26) 中世のドラゴンボール「蓬莱玉《ほうらいだま》」

今回もまた後小松上皇は、不思議な夢をみます。病床にあった後小松は、二晩連続で白い狩衣を着た男から蓬莱玉なるものを受け取るのですが。

応永三十年（一四二三）一月二十六日、病気で寝込んでいる後小松上皇に関するウワサを、雅楽の演奏家である豊原郷秋が貞成に話してくれました（同日条）。

郷秋が語ることには、上皇様は去る十日夜のご病床で御夢想があったそうだ。（中略）ところが次の夜になって、上皇様は次のようにお話しになった。「私は昨夜と同じような夢を見た。白布の狩衣を着た男二〜三十人ばかりがやって来て、持参した「珠《たま》」を献上してきた。それで私が「これは何だ」と尋ねたら、「蓬莱玉」と男たちは答えた。すぐにそれを受け取ったと思った瞬間、夢が覚めた。二夜続けて同様の夢を見た」と、上皇様は語られたそうだ。すべては諸神が上皇様を擁護なさっている表れであろう。これはご病気が回復する霊夢であり、頼もしいことだという。

夢で、上皇のところへ白い麻布の狩衣を着た男たちが二～三十人ほどやってきました。白布の狩衣は神事や葬礼の時に着るもので、身分の低い雑役夫を意味するのでしょう。この男たちが、取り次ぎの者を介さないで直接、上皇とやりとりしています。このようなやりとり自体、夢とはいえ、通常ではない状況です。

さて、彼らは「珠」を持参して上皇にさしだしました。珠は美しい宝石のことで、日本では勾玉などをさします。「これは何だ」と上皇が尋ねると「蓬萊玉」との答えが返ってきます。「蓬萊」とは、仙人の栖む山のひとつです。昔、徐福が始皇帝の命をうけ、仙人の山に不老不死の仙薬を求めにでたという伝説が思い浮かびます。ちなみに徐福は日本の熊野か富士山（不死山）に辿り着いたという伝説もあります。

この「蓬萊玉」は仙人の宝石で、たぶん不老不死の霊力をもつものなのでしょう。この夢を病気完治の霊夢であると夢占をしていることも、このことを裏付けます。そう、この蓬萊玉は、ドラゴンボールのようなパワーを秘めた宝石なのです。ちなみに古代の『竹取物語』にも、かぐや姫が求愛者に対して出す難題のなかに、この玉のことが出てきます。

東の海に蓬萊という山あるなり、それに銀を根とし、金を茎とし、白き玉を実として立てる木あり、それを一枝おりて給わらん（『竹取物語』）

ここに出てくる「白き玉」が「蓬萊の玉」ということになります。

㉗室町時代の即身仏《ミイラ》

即身仏《そくしんぶつ》といえば、江戸時代の山形県出羽三山が有名です。ところが、それに先だって洛中でも即身仏になろうとしたお坊さんがいたようです。即身仏とは、衆生《しゅじょう》を救済するため、生きたままミイラになった僧侶のことです。

永享三年（一四三一）四月七日の頭書

八日、雨が降った。今日、泉涌寺の僧が一人、即身仏となるため地中に入ったそうだ。希にみることである。大勢の人がその様子を見守ったそうだ。

即身仏の本場は江戸時代の山形（出羽三山）だと思っていましたが、昔は京都にもミイラになる人がいたのですね。ちなみにこの前日の四月七日は、お釈迦様の誕生日です。

ただ即身仏にふさわしいのはお釈迦様が入滅した二月十五日ではないかと思います。なぜ二月十五日ではなく、四月七日に入定したのでしょうか。単なる想像ですが、入定準備の木食《もくじき》修行が順調に進まず二月十五日を逃してしまい、さらにもう一年間の修行は体力的に無理なので四月八日の一日前にしたのかもしれません。木食とは、木の実だけを食べて生きたまま身体を枯らしてミイラ化する、とても難しい修行なのです。

なお出羽三山で聞いた話では、大勢の僧が即身仏になるため入定（地中に籠もる）したが、そのほとんどは即身仏になれず、地中で朽ち果ててしまったそうです。さて、この泉涌寺のお坊さんは無事、即身仏になれたでしょうか。

調べてみますと、慶長十八年（一六一三）に入定した阿弥陀寺の弾誓上人が、現在に残る京都で唯一の即身仏らしいのです。となると、泉涌寺のお坊さんは即身仏になれなかったのかもしれません。もしくは即身仏として成仏した後に、戦乱などでその遺体が失われたのかもしれません。いずれにしても、ご本人としては無念なことでしょうね。合掌。

(28) 神社の陰陽師と湯起請

永享三年（一四三一）六月四日～六日条は、村落における湯起請《ゆぎしょう》を伝える記事として有名です。その一部を現代語訳して、神社に仕える陰陽師を紹介します。

同年六月四日条

さて最近、伏見荘内の所々に盗人が入り込んでいる。それで怪しい者を取り調べることとなった。ということで、もっとも怪しいと嫌疑をかけられたのが、伏見荘地侍の内本兵庫だった。それで兵庫本人に尋ねたところ、「最近の盗人のことは全く知りません。お疑いであれば湯起請を書きましょう。それで私が嘘をついている徴証がでたならば、切腹しましょう」と言った。

今日（四日）、御香宮において陰陽師立ち会いのもと、湯起請を実行することとなった。それで何も徴証がでなければ、無実ということになる。「ただし湯起請をしてから三日間は、徴証がでるかどうか確かめなければいけません」と陰陽師が言うので、御香宮に三日間お籠もりさせて、徴証がでるかどうか調べることにした。神様がどのように判断なさるかは分からない。

湯起請とは、起請文という誓約書を書かせた上で、熱湯に手を入れさせ、手のただれなどから実否を判定する作法です。内本兵庫は六月四日の湯起請の後、三日間神社に籠もり六日になっても湯起請の「失」（虚言の証拠）が出なかったので、無罪放免となりました。

この記事を読んで、意外に感じられるのが神社に仕える「陰陽師」です。湯起請の場所となった御香宮は、伏見荘の惣荘鎮守社です。神社で湯起請をするのはよくあることです。それなので、一般的に湯起請の失を検知するのは神官だと思われています。ところが、この記事では陰陽師が湯起請のやり方について、貞成に意見を述べています。従って「失」の検知もこの陰陽師がやったのでしょう。

この陰陽師は、御香宮に常駐して神に奉仕していたと思われます。このような神社の陰陽師は、近世になると吉田神道に懐柔され、吉田流の「純粋な神官」へと変身していきます。

宮座の神主家文書をみていると、しばしば陰陽師関係の古文書に出くわします。それとともに神道裁許状も出てきます。神道裁許状は、吉田神道が発給する文書です。このような古文書群伝来のありかたは、もともと陰陽師で神社に奉仕していた者が吉田神道に従うようになり、吉田神道流の神主になっていった結果なのです。

最後に、起請の「失」の実例を紹介しておきます。

同年六月五日条

伏見荘の盗犯嫌疑者三〜四人に今日もまた湯起請をさせた。一人は湯起請を行う以前に逃げ出した。残る三人に御香宮で湯起請をさせた。一番目に湯起請をした者は村の桶造りの職人だった。この者はすぐに手が焼けただれた。それですぐに逮捕して縛りつけた。

六月五日の御香宮湯起請で、村の桶造り職人の手が焼けただれました。これが起請の「失」なのです。そのため、この職人は逮捕され、縛られてしまいました。

(29) 河内国の女性連歌師

連歌は、和歌などいろいろな知識がないと楽しめない芸能です。それを上手に熟《こな》している女性連歌師が現れたそうです。

永享三年（一四三一）十一月五日条

ところで河内国から連歌の上手な女性が京都に来たそうだ。その女性は河内国誉田《ほんだ》の人らしい。畠山満家前管領が呼び寄せて、室町殿へ引き合わせたそうだ。それで、すぐに御連歌会となった。室町殿の発句。

この春の　花こそ雪よ　神無月　　室町殿
冬も盛りの　霜の白菊　　女性

連歌はこの女性が書き留めたそうだ。漢字も上手に書くということで、いろいろなことに才能がある者らしい。また御連歌会。

雪かとよ　風も静まる　松の霜　　女性
冬より咲きて　梅ぞ久しき　　室町殿

「人の目を　包む仲ぞ　身を知る」という句は、恋で詰まってしまって付け句をするのが難しい。それで人々が思案していたところ、この女性が付けた句。

降る雨に濡れじと　笠をかたぶけて

大変な名人である。女性の連歌師は稀なことであろう。最近では美談として世間でもてはやされているそうだ。女性は室町殿から絹織物の小袖などの引き出物をいただいたという。

河内国誉田、現在の大阪府南部から女性連歌師が京都へ来ました。畠山満家前管領が彼女を呼び寄せて、室町殿足利義教殿へ引き合わせたそうです。この女性の連歌は名人級で、女も達筆だとのこと。これではさすがに、世間でもてはやされるわけですね。

(30) おめき仏

「おめく」とは現代語では「わめく」という意味です。「仏像がわめく」とはいささか怪しげな気がしますが、中世の人たちはどう感じたのでしょうか。

永享八年(一四三六)十月八日条

法安寺の住職が荒神の絵一幅・聖天《しょうてん》(歓喜天)の仏像二体・宇賀神の絵一幅を持参してきた。私の護り仏として預かるために、取り寄せたのである。

先日、住心院が来た時にこんな物語をしてくれた。「その昔、毘沙門堂の公豪僧正が伏見辺りで修行をしていたそうです。ところが法性寺大路で、子供が仏の名前を唱えて叫ぶ声がしました。召使いに子供を捜させたところ、召使いは『全く人の姿はありませんでした。ただ鍛冶屋が金槌で仏像を打ち砕いていたようです』と報告しました。それで僧正は『仏の名前を唱えていたのは、もしかしたら　その仏像なのかもしれない』と言って、すぐに召使いを鍛冶屋へ行かせ、その仏像を受け取らせたそうです。

僧正がその仏像を見たところ、銀でできた聖天でした。とても不思議に思ったので、その仏像を『おめき仏』と名付けたといいます。その後、崇光上皇がこのことをお尋ねになったので、僧正はこの聖天を進上したそうです。『そのご本尊は今でもございます』と毘沙門堂が言っていました」と、このように住心院はお話し下さった。

「私は法安寺に聖天が預け置かれているとは、全く知らなかったです。もしかしたら、法安寺のそれが『おめき仏』かもしれませんね。取り寄せてみて拝見してみよう」と住心院と話していたところだった。

その後、崇光上皇の御記録を見ると、その聖天のことが詳しく記されていた。大通院栄仁親王の御日記にも「城南御所が火事で焼け落ちたとき、銀の聖天は炎上しながらも、仏体は全く焼け損じなかった」と書かれていた。お二人の御記録の内容が、符合している。それで、帳箱に入れられた聖天二体を法安寺住職が持参して来たのである。

一体は木の聖天、もう一体は金属製の聖天であった。しかし仏像全体が黒ずんでいて、金属の色も見分けが付かなかった。しかし表面を磨いてみたら、銀製の聖天であった。この聖天こそ、おめき仏に違いない。法安寺住職も全く知らなかったことだそうだ。初めて開帳して拝見した。とても不思議な気がした。

それにしても、今までこの霊像を宮家が所持していることを全く知らなかったのは、不覚なことであった。住心院の物語で私が聖天と応対する時節が初めてやって来たかのようだ。とても嬉しく、心からこの聖天を信仰する。

庭田参議が語ることには、「この聖天を盗人が盗み取ったため、紛失したそうです。崇光上皇がいろいろとお探しになって、お取り返しなさったとのことです。住心院のお話で『崇光上皇から公豪僧正にお尋ねがあった』というのは、もしかしたらこの時のことなのかもしれませんね」とのことだった。いずれにしても詳しいことは分からない。

それで、この銀の聖天を宮家御所に安置した。木造の聖天と荒神の絵は、法安寺に返却した。

現代人にとって「叫ぶ仏様」とは何やら怪しげで薄気味悪く感じますね。

一方この聖天は、別名「歓喜天」ともいいます。すなわち「歓喜して叫ぶ仏」というのは、中世の人にとってみればとても嬉しい仏様ということになるのでしょう。ただし歓喜天はいわゆる仏ではなく、天部の神様で仏教を守護する存在です。もとインド神話の魔王で、象の姿をした男神と女神が抱擁している姿で表現されることが多く、夫婦和合や子宝の神としても信仰されていました。現代語訳のなかで「聖天（歓喜天）の仏像二体」とあるのは、この男神と女神が抱擁している姿を表現したものでしょう。

三 村人と習俗

前述した宗教や後述する怪異とも関連しますが、中世人の習俗には独特のものがあります。その習俗そのものと、習俗と共に暮らしていた中世民衆の姿を、ここでは見ていきたいと思います。

（1）父の死に場所にかんなを掛けて浄める

近親者であっても死体または死体を安置した場所というのは、いささか近寄りがたいものです。その遺体の安置場所に関する習俗から見ていきましょう。

応永二十四年（一四一七）三月二十九日条

父・大通院がいらっしゃった常の御所の板敷きにかんなを掛けた。ここは大通院がお亡くなりになった場所なので、かんなを掛けて浄めるのが、世の決まりなのだ。

栄仁親王が亡くなった常《つね》の御所の板敷きは穢れているということなのでしょうか。この板敷きにかんなを掛けて浄めるのが、世の決まりだと貞成は言います。何とはなくその気持ちも分からなくはありませんが、現代人としては、そこまでする必要があるのかと言いたくなるような習俗ですね。

ただこの習俗は、中間層である小領主（地侍・土豪）以上の階層に限られたものだったろうと思います。それより下層の一般庶民にとって、近親者であっても死体は山野に遺棄するものでしたから。

(2) 小正月の村の習俗「風流松拍《ふりゅうまつばやし》」

中世には、松の枝をもってお囃子をしながら行列を組んで進むという、お正月のめでたい習俗がありました。その様子を見てみましょう。

応永二十五年（一四一八）正月十五日条

夕方に、村人たちの松囃子が来た。まず石井村の者たちが、いろいろな物真似芸をした。次に山村の木守寺の者たちの物真似行列が来たが、さらにできが良かった。その後すぐに、三毬《さぎ》杖《ちょう》を焼いた。彼らには果物を与えた。次に舟津村の者たちが物真似芸をした。その物真似は鶴や亀の舞など変わったもので、とても面白かった。それぞれの村人たちに酒樽を与えた。見物の人々も大勢集まった。今年の風流松囃子は特にできが良かった。

私の代になって初めての小正月なので、村人たちも特に張り切ってお祝いしてくれたようだ。神妙なことである。

小正月になると、村々や宮家でも三毬杖を焼きます。小正月のめでたい芸能習俗として、「風流松拍」があります。現代語訳では分かりやすく「松囃子」としましたが、底本では「松拍」と記しています。松拍は松の枝をもって行列し、鉦鼓などを鳴らしてめでたく賑やかに囃したてます。松拍行列の村人たちが宮家に到着すると、鶴や亀の舞などの風流《ふりゅう》という物真似芸をします。この年は貞成が当主となって初めての小正月だったので、特に出来の良い芸で祝ってくれたと貞成は感激しています。なお、現代語訳に「果物」とありますが、底本では「菓子」と表記されています。古代・中世で菓子といえば、果物のことなのです。

(3) 菖蒲葺き

いまでも、五月五日は菖蒲の節供といいます。この菖蒲とはいったい何のために用いるものだったのでしょうか。

応永二十五年(一四一八)五月四日条

朝早く、檜皮葺の屋根職人が来た。そしていつものように、屋根に菖蒲を挿《さ》してくれた。それをみて、私の心中を和歌にして詠んでみた。

思ひきや　あやめを今年　我が宿の
主となりて　葺《ふ》かすべしとは

今よりは　千世《ちよ》の五月《さつき》を　契りなん
　今日葺きそむる　軒《のき》のあやめよ

五月五日の節供にあわせて、前日に屋根葺き職人が宮家へ来て、屋根に菖蒲を挿してくれました。この行事は「菖蒲葺《ふ》き」ともいい、邪気を祓う呪《まじな》いです。この作業を下から見上げながら、貞成は和歌を詠みます。それは意外にも自分が宮家の当主となって、職人に菖蒲葺きをさせていることへの感慨でした。それに、今後とも邪気を受けず、健康でありたいとの願いをこめて。

(4) 伏見荘地侍・小川禅啓の官職任命

中世人は、名誉を重んじます。その名誉を具体的に示すものとして、律令制の官職が中世でも重視されていました。

応永二十五年（一四一八）五月四日条

さて小川禅啓が備中守に任命された。このことは、父・大通院の代に禅啓が希望していたことで、蔵人である勧修寺経興に任官の斡旋をするよう、お命じになっていた。ところが、出家した者が任官するのは、近年の武家に例があるものの、よろしくないことということで、今まで話が進まなかったのである。

そうしている間に、禅啓は山名時熙右衛門佐を通して任官の申請をしたらしい。その後、備中守に任命されたと、山名の従者である垣屋から禅啓に書状が届いたそうだ。

これは、喜ばしいことではある。ただし、山名家のやり方には不審な点もある。強引に任命させたのであろうか。このごろの武家のやり方は、このようなものだ。

すぐに禅啓が祝い酒を用意してきた。一献がさらには数献に及ぶ酒宴となった。田向三位・庭田重有・田向長資ら朝臣・寿蔵主が酒宴に参加した。禅啓にはお祝いとして扇を与えた。

伏見荘の地侍・小川禅啓が備中守に任命されました。とはいえ、実際に国司になったわけではありません。このような官職を「官途名《かんとめい》」といい、名目だけの官職名を通称として用いたに過ぎません。栄仁親王は小川禅啓の官職を蔵人である勧修寺経興に斡旋したとありますが、これは事実ではないでしょう。名前だけの国司（名国司）とはいいながらも、地侍が正式ルートで国司に任官することはありえません。たぶん栄仁は、小川禅啓の要求を抑えるため、とりあえずの言い逃れをしたのでしょう。

そして栄仁が亡くなった今、守護の山名時熙を通じて、任官しました。そしてこれも正式ルートの任官ではなく、山名の一存で禅啓に官途推挙状を出しただけのことだと思います。官途推挙状は「あなたを○○の官職に任命するよう朝廷に推薦しました」という内容の文書ですが、実際に朝廷に推薦するわけではありません（この点については後に「貞成、秘密裏に口宣案を偽作する」で詳しく記します）。

それではなぜ禅啓は、山名に官途名を依頼できたのでしょうか。それは禅啓が山名の家臣となっていたからだと思います。当時の地侍が複数の領主に服属していたことはよくあります。また貞成は山名のやり方を批判していますが、室町時代から戦国時代にかけては官途推挙状のような形で官職を名乗る事例が増えていきました。

そして後年、貞成自身も任命書（口宣案）を偽作して、小川禅啓の養子である小川有長に与えているのです（後述「貞成、秘密裏に口宣案を偽作する」）。したがって貞成に山名を批判する資格はありませんね。

（5）百手《ももて》会

鉄砲が伝来する以前、中世において最も重要な武器は弓矢でした。弓矢は悪魔祓いをする道具でもあり、また現代のスポーツのような遊戯の道具でもありました。

応永二十五年（一四一八）五月一日条

いつものように、月初めのお祝いをした。殿上の前庭で、小弓を射た。賞品は田向経良三位が用意した。最近決めた順番で当番の幹事役を勤めたのである。田向家で百手をやろうという話になった。

同年五月二日条

小弓を射た。明日、百手をやることに決まった。田向経良三位に酒宴などを用意するように命じた。

同年五月三日条

雨が降った。百手会は延期となった。ところが夕食時になって雨が上がったので、百手をやりましょうと田向経良三位が言ってきた。それで、田向家に行った。まず一献の酒宴があった。そして百手を射始めた。途中で雨が降り出したので、その間お休みして酒を飲んだ。その後、雨が上がったので、また射始めた。三十回あまり射てから、また酒を飲んだ。外は真っ暗になったので、的場《まとば》にロウソクを立て、射手の前には小さな灯りを立てた。夜になって小雨がまた降り出したが、かまわず射続けた。午後九時になって百本の矢を射終えた。また引き続き二献・三献の酒宴をした。

百手会の賞品である銭は、負けた者が負担することになっている。田向経良三位が一番多く射当てた。そういう経緯で、百手終了後、これまでの酒宴の費用は私がもつことになった。その後、田向三位・庭田重有朝臣・田向長資朝臣、それに村人たちがお酒を用意して、数献の酒宴となった。夜遅くになって宮家へ戻った。

今回の百手会の射手は、私・椎野寺主・田向三位・重有・長資ら朝臣、村人の行光・小川禅啓・芝俊阿・広時・下野良村・小川有善・内本善祐らであった。弓場は東向きに的をかけた。
殿上人より上位の者は室内から矢を射た。村人たちは庭先から射た。

百手というのは、百矢のような数多くの弓矢がもつ霊力を期待した悪魔祓いや無病息災を願うものでした（薗部『中世村落の文書と宮座』、小さ子社、二〇二三年、第八章 宮座の歩射儀礼）。それが中世末期から、西日本、特に中国・四国地方によくみられる歩射による正月悪魔祓いの百手になりました。その一方で、宗教儀礼的な意味から離れて、弓矢を百回、的に向けて射るという競射も中世以降にみられます。現代では京都三十三間堂の通し矢が有名ですね。

この記事に見られる百手も、弓矢を百回、的に射る競射です。ただ使用する弓は、「小弓」または「雀の小弓」と呼ばれる小さな弓です。もちろん的との距離も短い。これなら日頃、弓術の修練をしていない者でも、楽しく遊べますね。

(6) 念仏とお囃子の仮装行列

お盆には、念仏を唱えお囃子をしながら行列して行進する習俗がありました。そのようなお盆の習俗を見てみましょう。

応永二十六年（一四一九）七月十四日条

お盆の儀式をいつもの通りにおこなった。石井村の新御堂でも、いつものように念仏のお囃子があった。田向家の侍たちは、山伏が背負う笈《おい》を作り、変わった仮装をして石井村へ向かった。舟津や山村などからも仮装をしたお囃子の行列が、いつものように石井村へ繰り出してきた。念仏を唱えながら、お囃子をしていた。石井村へお忍びで見物してきた。

お盆の前日、田向家の侍たちが山伏の仮装をして石井村新御堂に向かいました。舟津や山村の者たちも仮装をして念仏を唱えながら石井村へお囃子に行っています。貞成は、お忍びで石井村へ行き、それぞれの仮装行列を見物しました。

同年七月十五日条

いつものように蓮飯※を食べた。大光明寺の施餓鬼を見に行った。（中略）夜に山村から念仏お囃子の仮装行列が来た。畠山六郎重保《しげやす》が由比《ゆい》ヶ浜の合戦で敵兵を石のようにブンブン投げ飛ばす物真似をしていた。また石村の仮装は、源為朝《ためとも》※※が鬼を使役する様子を表しているという。いずれも面白い仮装であった。お忍びで見物した。舟津の仮装は、勧進僧の物真似であった。

※蓮飯《はすめし》…お米を蓮の葉に包んで蒸した強飯《こわめし》。お盆で仏前に供えたり、参列者が食べたりした。蓮の葉飯ともいう。
※※「源為朝」…底本では「為明」となっているが、源為朝が鬼ヶ島（蘆島《あしじま》）の鬼を支配した伝承（保元物語）のことと解した。

お盆の夜、伏見荘各村の者たちが念仏お囃子の仮装行列を仕立てて、宮家へやって来ました。怪力の畠山重保が由比ヶ浜合戦で敵兵を投げ飛ばす姿、源為朝が鬼ヶ島の鬼を使役する姿、そして勧進僧の物真似など、それぞれに趣向を凝らした仮装を披露します。貞成は宮家で当主として仮装を見物したのですが、「お忍びで」とあります。これは自分の身分を考慮して、扇の骨の間から覗き見る形で見物したということでしょうか。

なお畠山重保の件については三年後のお盆で、同じく念仏囃子物の風流（物真似芸）でも採りあげられています。

応永二十九年（一四二二）七月十五日条

いつものように石井村や舟津の念仏囃子の行列が、お盆の期間中、夜な夜なやって来た。今夜は、両方の囃子行列が一緒に宮家御所へやって来た。少し物真似芸も行われた。石井の物真似は、畠山六郎重保が人を石つぶてのように投げ飛ばす様子を再現したものだった。

この年のお盆にも、伏見荘の村々から宮家御所へ念仏囃子物の行列が来ました。そのなかで石井村の物真似芸は、畠山重保が石ころのように人を投げ飛ばす様子を再現したものでした。これは元久二年（一二〇五）の畠山重忠の乱に関連して、由比ヶ浜で三浦義村らの大軍に取り囲まれた畠山重保の奮戦ぶりを真似たものでした。事件当時、畠山重忠・重保父子に謀叛の意思はなく無実の罪であったので、源義経に対する判官贔屓と同じように、重保に対して同情する思いが伏見荘の村人たちのなかに根強くあり、人気の演目になっていたのでしょうね。

（7）小正月、松囃子の物真似芸

本章「（2）小正月の村の習俗「風流松拍」」のところで、お正月に松の枝をもってお囃子する行列の話を紹介しましたが、その行列の人々がいろいろな物真似芸をしました。その物真似芸を風流《ふりゅう》といいます。いったい、どのような物真似が行われていたのでしょうか。

応永二十七年（一四二〇）一月十五日条

お粥と強飯などで、いつものように小正月をお祝いした。

伏見荘の村々から松囃子の行列がやってきた。まず石井村の物真似芸。それは、一両の車に横木を載せ、それを高級絹織物で包んだものだった。これは、木こりが山から木を切り出す様子※を真似たものである。

次に山村。金糸や染色した生糸などで飾った牛車。召使いの少年や使用人などお供の者たちが立派に行列を組んで、役人が朝廷へお礼に参上する様子。また布袋《ほてい》・大黒・恵比須・毘沙門天など七福神の物真似。それに大工が家の棟上をする様子。山村の者たちは、このようないろいろな物真似芸をした。

次に舟津。流鏑馬《やぶさめ》の物真似。鶴亀の舞の様子など。

以上のように、例年以上にいろいろな物真似芸が演じられて、とても面白かった。

山村の木守寺の者たちが三毬杖を焼いた。果物などを与えた。

松囃子の者たちにもそれぞれ酒樽などを与えた。それぞれへのご褒美は、いつも通りであった。

見物の人々が大勢集まった。近年になく見事な見世物であった。

※「山から木を切り出す様子」…底本では「大持引《だいもちひき》の体《てい》」とある。

今度は小正月、松囃子行列の物真似芸です。木こりが山から木を切り出す様子、金糸や染色した生糸などで飾った牛車、役人が行列を組んで朝廷へお礼に参上する様子、七福神の物真似、大工が家の棟上をする様子、流鏑馬の物真似、鶴亀の舞の様子など、お正月にふさわしく賑やかで晴れがましい仮装が続きます。見物人も大勢集まり、貞成も「近年になく見事な見世物」だと褒めちぎっています。

(8) 閏二月は不吉(付)「汚い場所」

陰暦で閏年とは、一年がまるまる一ヶ月分増えて、十三ヶ月になる年のことをいいます。閏二月といえば、正月、二月、閏二月、三月というように、閏二月の一月分が増えるのです。

応永二十七年(一四二〇)閏一月一日条

さて本当は二月が閏月なのだが、先例では閏二月は不吉なのだそうだ。それで暦博士や陰陽師が占って、閏正月ということにしたそうだ。とても珍しい事例らしい。将軍から京都中へ、今月も正月と同様に過ごすようにとのお触れが出たそうだ。

廊御方の部屋に行き、一献の酒宴をした。小川禅啓がこの酒宴の用意をしたのだが、それには理由があった。先日、禅啓はとても酔ってしまい、汚い場所へ落ちてしまったそうだ。その恥を雪《すす》ぎなさいと田向三位が禅啓に強く責めつけたので、禅啓が今回の酒宴を受け持つことになったという。おかしな経緯である。

この年は閏二月になるはずでしたが、閏二月は不吉だということで閏正月にしてしまったそうです。それで将軍足利義持は今月も正月のように過ごしなさいと触れを出しました。

また後半はこの閏正月一日の年始祝宴を廊の御方の部屋で行った記事ですが、その経費は伏見荘政所職の小川禅啓が負担しました。その理由は先日、禅啓が酔って「汚い場所」へ落ちたので、その恥を雪ぐために酒宴の費用を負担するよう、田向経良三位が禅啓に強要したことにありました。なにげない記事ですが、この「汚い場所」とはどういう場所なのか気になりました。たぶん皆さんは肥溜めを想起されたと思いますが、この時期にはまだ人糞肥えは使われていないようです。ただ鎌倉時代から二毛作が行われて堆肥が使われていますので、堆肥溜まりかもしれません。またトイレを意味する閑所《かんじょ》という言葉が戦国時代の日葡辞書に出てきますので、室町時代にも既にそういう場所があったかもしれません。特別な事例ですが、移動先の将軍のために建てられた「御間中」というトイレもありました（本書「二（22）「室町将軍の「あれ」」参照）から、閑所用の糞尿溜まりが室町時代に存在していたことは確かでしょうね。

（9）正月節養《せちやしない》

節養というのは、正月などの節日に酒食を振る舞う慣習です。

応永二十八年（一四二一）一月二十八日条

さて廊御方が節養として酒宴の用意をしたという。それで廊御方の部屋に行った。宮家の女性たちや男どもが皆、集まった。椎野寺主が来た。ちょうど良いところに来たので、特にうれしかった。椎野の母親である廊御方としてみれば、特にうれしかったことであろう。
酒は数献に及び、いつものように音楽や乱舞が行われた。局女や年老いた尼が特に乱舞をするのは、とても面白い。廊御方のお部屋で節養をするのは、今春初めてのことである。めでたいことである。

『日本国語大辞典』第二版「節養」ではこの箇条を用例としてあげ、「正月に妻が夫などを招いて祝宴を催すこと」と解していますが、やや狭義に解しすぎているようです。伏見宮家の正月節養では、宮家の家政権を握っている廊御方が、宮家当主である貞成や宮家の者たち全員に酒肴を振舞っています。そこにたまたま栄仁親王と廊御方との間に生まれた椎野寺主が来たので、母親の廊御方としては喜びも一入《ひとしお》だったでしょう。また室町時代の若狭国太良荘では、預所が荘民に節養をしています（『福井県史』通史編二中世、第一章第六節二、福井県、一九九四年）。この習俗は近世以降、「節《せち》振舞《ぶるまい》」になっていきます。

(10) 神様の思し召しと伏見荘地下一庄の会合

伏見荘の惣荘鎮守社である御香宮では、祭礼の際に神様へ猿楽をお見せしていました。ところが猿楽役者の出演料を支出できないため、猿楽を延期したところ、宮聖《みやひじり》（お宮にお仕えするお坊さん）が疫病にかかって気が狂ってしまったそうです。はてさて、伏見荘の村人たちはどのように対処するのでしょうか。

応永二十八年（一四二一）三月二十四日条

さて飢饉のために村人たちが京都に出かけているので、猿楽の出演料を用意できない。それで御香宮猿楽はこの秋、延期となった。

そのことが神慮に背いたため、宮聖の慶俊《けいしゅん》が疫病にかかって、気が狂ってしまったそうだ。猿楽を延期するのはよろしくないなどといろいろ神様のお告げを口走りながら、慶俊はついに死んでしまった。それで村人たちは猿楽をやるかどうか相談しているという。先例では猿楽を延期すると不吉なことが起こると言われているそうだ。

飢饉への対応で、伏見荘の村人たちは京都へ出稼ぎに行っているのでしょうか。それとも京の酒屋・土倉を廻って金策をしていたのでしょうか。いずれにせよ、このままでは御香宮猿楽は延期となってしまいます。すると御香宮の宮聖慶俊が「猿楽を延期するのはよろしくない」と神様のお告げを口走りながら、気が狂って死んでしまいました。さてどうするか、伏見荘の村人たちは対応に苦慮し、相談しているようです。

三月二十七日条

猿楽の開催について、今日伏見荘全体の集会があり、御香宮社頭で会議があった。その結果、来月十日・十一日の式日に神事を行うことになったという。もっともなことである。

この宮聖慶俊の神託と狂い死に対応するため、伏見荘は一荘全体の集会を御香宮社殿の前で開きます。そして、例年通り四月十日・十一日の式日に神事と猿楽を行うことを再確認しました。貞成はこの決定に「もっともなことだ」と賛意を表しています。

そしてこの年の四月十日は雨天で御香宮神事猿楽は中止になりますが、翌十一日には神様の思し召し通りに猿楽五番が演じられました（四月十日・十一日条）。貞成は「神様のご威光を恐れるべきであり、またもっと尊ぶべきである」として、村人たちの姿勢を評価しました。

(11) 桃の節供と闘鶏

三月桃の節供といえば、現代では女の子のお祝い日です。でもそれは江戸時代以降の考え方で、桃とは本来、長寿をお祝いする霊木だったのです。そしてその日に行う儀式も現代とは異なりました。

応永三十年（一四二三）三月三日条

「桃の花宴で、めでたい」と予祝した。闘鶏を二～三番行った。

三月三日・桃の節供の記事ですが、毎年この日には必ず闘鶏をしています。その事実を指摘するものはありますが、その由来を解説したものはみあたりません。

一説によると、中国・唐の玄宗皇帝が酉年生まれで、特に闘鶏を好んだそうです。その影響で当時、清明節には宮廷で大々的に闘鶏を行っていたようです（陳鴻《ちんこう》「東城老父伝」前野直彬『唐代伝奇集1』東洋文庫、平凡社、一九六三）。その風習を遣唐使が持ち帰り、（清明節と重なりやすい）桃の節句に定着したのではないかというものです。この説の真偽は明らかではありませんが、ご参考までにお示ししました。

⑫ 人日《じんじつ》に雪が降るのは豊作の吉瑞

現在、一月七日は七草粥を食べてお祝いする日となっていますが、本来は人日《じんじつ》といって中国で人を占う日でした。日本中世の人々は、この日に雪が降ることを喜んでいたようです。

応永三十一年（一四二四）正月七日条

雪が降った。去年の冬は雪が降らなかった。それなのに人日の今日、雪が降ったのは豊作のめでたい兆しだ。もともと人日のめでたい日であり、それに加えて豊作の吉瑞。いずれにせよ、めでたいことである。

朝早く若菜で人日のお祝いした。夕方にはいつものように田向前参議らと酒宴になった。さらに廊御方が用意した雪見酒となった。

朝廷の白馬宴会、執行責任者は正親町三条公雅大納言だそうだ。

中国の人日の風習が日本に伝わり、若菜を摘んで、とろみが付いた熱々のスープである羹《あつもの》に入れて食べるようになりました。これが後に七草粥となっていきます。この人日の日に雪が降ると、その年は豊作となるめでたい兆しだとされていたのですね。正月らしく人をめでたい気持ちにさせる春の雪景色でした。

(13) 遊戯「文字合わせ」の流行

無職の貞成さんは、いつも時間を持て余しています。今日は双六と文字合わせで遊びました。さて、この「文字合わせ」とはどんな遊びなのでしょうか。

応永三十一年(一四二四)二月十七日条

雨が降った。今日はお彼岸の初日だ。雨が降っていて暇なので、双六の勝ち抜き戦※をした。

長資朝臣が勝った。すぐに負け態《わざ》として酒宴をした。

その後、文字合わせをした。左方は私・娘・今参・慶寿丸、右方は重有朝臣・長資朝臣・梵祐である。負け態は酒海という酒の大甕だ。結果、左方が二度とも負けた。最近、朝廷でも上皇御所でも文字合わせが流行っているそうだ。

※「勝ち抜き戦」…底本では「打ち勝ち」とある。

現代語訳では「文字合わせ」と記しましたが、底本では「文字書き」とあります。この後、二月二十二日条の底本には同じ遊びが「文字合わせ」と記されています。この文字合わせという遊びは、漢字を偏・冠・旁に分けて札に書き、これを引いてどれだけ多くの漢字を合わせられるか競うものです。このやや知的なゲームが、内裏でも上皇御所でも流行っていたようです。楽しそうですね。

⒁ 貧乏公家をバカにした狂言

伏見荘御香宮の猿楽、その間狂言《あいきょうげん》では、ときどき変わった演目が観客たちを沸かせます。今回の演目には貞成も怒っているようですが、どんな内容だったのでしょうか。

応永三十一年（一四二四）三月十一日条。今回は、記事の区切りごとに小見出しを付けて、現代語訳をしてみましょう。

〈畠山持国《もちくに》最愛の稚児〉

御香宮猿楽も昨日と同様だ。畠山持国少弼《しょうひつ》が猿楽見物に来たそうだ。猿楽の役者の中に稚児がいる。この稚児を畠山少弼がもっとも愛しているという。猿楽が終わって畠山少弼は稚児と一緒に帰り、松原で酒盛りをしたそうだ。この酒盛りは畠山の家臣である三木善理が取り計らったようだ。

〈公家人疲労のことを狂言で演じる〉

さてこの御香宮猿楽の間狂言で、公家が経済的に困窮してくたびれている様子をいろいろと真似して演じられたそうだ。このことはよろしくないので、田向前参議が小川禅啓を通して楽頭の矢田を譴責した。

〈伏見荘は皇居なり〉

この伏見荘は、皇族が住んでいる場所※である。このように公家が居住している場所で、公家が困窮している様子を種々、面白おかしく演じるというのは、古くからの仕来りを弁《わきま》えず、大変失礼なことである。それで今後のために譴責させたのだ。

※「皇族が住んでいる場所」…原文には「皇居」とある。

〈比叡山で猿を揶揄した役者が刃傷された〉

このことは別の慣例にもある。比叡山延暦寺で猿楽の役者が猿[※]の物真似を面白おかしく演じたことがあった。それで延暦寺の僧兵が、この猿楽の役者を斬り付けて怪我をさせたそうだ。

※「猿」…猿は比叡山の鎮守日吉神社の使者である。

〈仁和寺御室門跡を揶揄した役者も処罰された〉

また仁和寺でも、猿楽狂言で聖道[※]法師のことを面白おかしく演じたことがあった。その猿楽の役者も、仁和寺御室御所から処罰されたそうだ。

※聖道《しょうどう》…仁和寺御室第十七世承道法親王（一四〇八～一四五三）のことであろう。後小松上皇の養子で、木寺宮邦恒王の王子、この当時の御室門跡の当主である。承道にどのような揶揄される事績があったのかは、未詳。「聖道（承道）法師」とは、狂言役者が実際に用いた不敬な呼称であろう。

このように皆、狂言を演じる場所について考慮すべきなのである。このような仕来りを弁えないというのは、けしからぬことだ。

同日条（続き）

それで御香宮楽頭を追放する命令を発した。しかし楽頭はまったく知らないことでしたといろいろ陳謝している。よろしくない事である。

貞成の領地伏見荘、その鎮守御香宮で、公家が経済的に困窮していることが面白おかしく狂言で演じられました。このことは貞成にとって、領主のプライドを痛く傷つけたことでしょう。また比叡山でも狂言で鎮守社の使者である猿が馬鹿にされたり、仁和寺でも当時の門主が皮肉られたりしています。

中世の能役者、そしてそれを応援する庶民が、いかに領主の権威を軽んじていたのかがよくわかりますね。

⑮牛と晴祈祷

最近の日本では豪雨が問題になっていますが、中世社会でも大雨による水害には手を焼いていました。さてどうしたら雨をやませることができるか、それが問題です。

応永三十一年（一四二四）七月十七日条

生島明盛が、牛が描かれた板を一枚持参してきた。この板の両面にそれぞれ一頭の牛が描かれている。これは朝廷絵所の預である秀行が描いたものだそうだ。雨が降る時に、この牛が描かれた板を逆さにつるす。そうすれば、雨がやむそうだ。これを絵所の絵師に前もって描いておくように命じたそうだ。それで描き上がったものを持参したという。神妙なことである。

両面に二頭ずつの牛を書いた板。これを雨降りの時に逆さにつるすと、雨がやむという呪い《まじない》（晴祈祷）になると生島明盛は貞成に説明しています。どうして牛を逆さにつるすと、雨が止むのでしょうか。

その答えは、絵解き《えとき》（絵の説明）にあるようです。牛は「うし」と訓みます。この「うし」を逆さまにすると「しう」となります。「しう」には、「止雨」と漢字を宛てることができます。そうです、現代人からみるとほとんど言葉遊びですね。しかし、これで本当に雨が止むと当時の人は思ったのでしょう。貞成は良いモノを持参してくれたと、生島明盛に対して「神妙」と褒めているのですから。

(16) 貞成、秘密裏に口宣案《くぜんあん》を偽作する

伏見荘の地侍が、朝廷の官職を欲しがっていました。その願いを聞いた貞成がとった対応策は、あまり感心できるものではなさそうです。

永享三年（一四三一）年十二月十一日条

小川禅啓の養子である五郎兵衛有長が左衛門尉の官職を望んでいる。正規の任命書をもらうのは容易《たやす》くないので、このような下級の官職については、私の個人的な計らいで任命することにした。それで蔵人は中御門明豊左少弁ということにして、田向長資朝臣に口宣案（朝廷の任命書）を書かせた。そして秘密裏に、この任命書を五郎兵衛に与えた。五郎兵衛は恐縮してお礼をいい、お祝いの酒を献上してきた。

ただやはりよろしくない事なので、世間に知られたら面倒なことになろう。

伏見荘政所小川禅啓の養子（底本は猶子）である五郎兵衛有長が、「左衛門尉」の官職を望んできました。それに対して貞成は、家司の田向長資に命じて、実在する人物である中御門明豊を蔵人の奉者として、左衛門尉の任命書（口宣案）を偽作させました。

最後の箇所、底本では「かつうは比興、その恐れあることなり」とあります。世間の目を気にした貞成の様子が伺えます。それほど世間の目が恐いのなら、わざわざ日記に記録しなければいいのにと思います。ただこのような貞成の脇の甘さが、『看聞日記』の面白さを醸し出しているのでしょう。

中世後期では、官途を僭称《せんしょう》する（任命根拠がないのに官職を名乗る）ことは相当あったと思われます。ただ官職を望む側からすると、天皇に近い地位にある人から朝廷へ取りついでもらって、本物の任命書をもらいたいと思うのが人情なのでしょう。

それに対して、正規のルートで任命書を申請するのは面倒だし、いろいろと手間とお金がかかる。それで貞成は、内心恐れを抱きながらも、任命書を偽作して与えたというわけです。

この任命書をもらった五郎兵衛は、とても恐縮しています。彼はこれを本物だと信じたのでしょうか。それともニセモノと分かっていながらも、自分の領主から与えられたものだから、その一点で納得したのかもしれません。

ここに、戦国時代に官途推挙状※が大量生産される機縁が見え隠れします。

※官途推挙状《かんとすいきょじょう》…戦国大名などが家臣である国人に官途を与える命令書。内容的には朝廷にその国人を推挙（推薦）するという内容ですが、実際に戦国大名が朝廷に官途を申請することはほとんどなかったようです。

⒄ 松笠を結う

『看聞日記』には、ときどき意味が分からない言葉が出てきます。そのうちの一つが「松笠を結う」という表現です。いったい、どういう意味なのでしょうか。

永享五年（一四三三）十月二十日・二十一日条

十月二十日条

庭の者の虎以下、四〜五人が来た。大光明寺の松を笠に結わせた。

十月二十一日条

大光明寺へ田向三位・庭田重賢らを連れて行った。松笠結いを見た。そのような松が四本掘り出されてあった。庭の者が四人来ていた。長老とお会いして、雑談した。しばらくして宮家へ帰った。

この二つの記事にある「松を笠に結」う、「松笠結い」とはいったいどのようなことを意味するのでしょうか。そのヒントになる記載が、前日の十九日条にあります。

十月十九日条

室町殿へ松を差し上げようと思っていたが、庭の者の虎が来ないので、延期となった。

この十九日条では、貞成は室町殿足利義教に松を進上しようと思っていましたが、「庭の者」の虎が来ないので延期になったと言っています。「庭の者」とは山水河原者《せんずいがわらもの》といって、庭造りをする河原者のことです。「山水」とは築山と池のある庭園であり、「河原者」とは河原などに住みついていろいろな職業に就いた賤民です。庭の者「虎」は将軍に命じられて、室町殿御所の庭造りに携わっていたのです。

翌二十日には四～五人の庭の者が来たので、貞成は彼らに伏見荘内大光明寺の松の木を「笠」に結わせています。その翌日二十一日、貞成は田向経良らを連れて大光明寺へいき、四本の松が松笠に結われているのを見ています。

これらの松は、伏見から洛中の室町殿御所へ運ばれるものです。このことからみて松笠結いとは、運搬中に松の枝が折れないよう、閉じた衣笠《きぬがさ》（大型の笠）にように枝を幹に結い付けることをいうのではないでしょうか。

松の枝を傷つけずに運ぶ背景として、次のような事件が参考になります。

同年十月二十日条

聞くところによると、尾張国黒田荘から梅一本を将軍へ献上したところ、途中で梅の枝が折れてしまった。それで室町殿はとても立腹して、庭の者三人を牢獄に押し込めた。

また黒田荘の地侍五人がこの件の事務取扱者になっていた。この件では彼らにも落ち度があるので、逮捕するよう黒田荘にお命じになった。それで地侍のうち三人は逃亡した。残る二人は即座に切腹させられたそうだ。それで庭の者たちは「将軍の厳しいご命令に恐怖しております」と言っていた。

諸方の土や木などを見ている庭の者の虎や菊が、現地に向かって検分しているそうだ。良い木はお召し上げになり、また持ち主が進上しているそうだ。

伏見荘内の木を、庭の者たちはいまだ検分していないという。それで早々に木を進上したいと思っている。

これは前に引用した「庭の者の虎以下、四～五人が来た。大光明寺の松を笠に結わせた」という記事に続いて記されているものです。したがってこの話は「庭の者の虎以下四～五人」から貞成が聞いた話なのでしょう。

尾張国黒田荘から室町殿御所へ運搬中の梅の木の枝が折れていたので、激怒した将軍義教は庭の者三人を牢獄に入れています。それに庭の者たちは怯えて、松の木の運搬にも慎重を期していたのでしょう。

⑱お歯黒《はぐろ》男子

皆さんはお歯黒をどうお考えでしょうか。時代劇では結婚した女性がお歯黒をしますが、それは江戸時代のことです。中世ではちょっと事情が異なります。

永享五年（一四三三）年十二月十四日条

ところで今日、次男にお歯黒を付けさせる。朝廷では九歳になるとお歯黒を付ける。これと同じ年に行うのが佳い先例なので、お歯黒付けのお祝いをした。庭田参議が次男にお歯黒を付けた。一献の祝宴をした。

天皇家では九歳の男子にお歯黒を付けるのですね。武士でも大将の頸を「お歯黒頸」といいますから、上級武士もお歯黒をしていたのでしょう。信長あたりもお歯黒をしていたのかもしれません。中世の成人男子はお歯黒男子。あらためて時代劇とは異なるイメージがいろいろと沸いてきますね。

⒆毬杖《ぎっちょう》と羽根突き

最近はあまりお正月でも羽根突き遊びをする子供たちを見かけなくなりました。この羽根突きは室町時代頃から遊ばれるようになりますが、それ以前では毬杖という遊びが主流でした。さて毬杖とはどのような遊びだったのでしょうか。

永享六年（一四三四）正月五日条

室町殿（足利義教）は我が次男に、毬杖三本・色とりどりの玉五つ・蒔絵の飾り置物となっている羽子板二つ・羽根五つを贈って下さった。言葉にできないほど素晴らしく、目の保養となった。ずっと大事にしよう。

将軍・足利義教は、伏見宮貞成の次男（のちの貞常親王。ちなみに長男は後花園天皇）に毬杖・玉・羽子板・羽子板の羽根をプレゼントした。今でいうお年玉でしょうか。底本では、羽子板を「胡鬼《こぎ》板」、羽子板の羽根を「胡鬼の子」と記しています。

毬杖はいわばホッケーで、玉をスティック（毬杖）で打ち合う、中世のお正月遊び。そこに新しく羽根突きがお正月の遊びに導入されます。

室町中期では、毬杖と羽根突きが併存していました。戦国期、上杉本洛中洛外図でも京都庶民の子供たちはまだ毬杖で遊んでいます。

新しい文化は、上流階級から庶民へ、文化の中心・京都から地方へと広まっていきます。江戸時代になると文化の中心は江戸へ移っていき、庶民層でも毬杖は廃れ、社会全体が羽根突き全盛の時代になっていきます。

私の子供時代は、凧揚げや羽根突きでよく遊びました。それに比べ、愚息の子供時代は、かろうじて凧揚げはしたものの、羽根突きは全くしませんでした。羽根突きも遊びとしてはこのまま廃れて、羽子板飾りだけになっていくのでしょうか。

う。

(20) ある村人の死

伏見荘には政所役を勤めた小川禅啓という村人がいました。その方の話を少し、いたしましょう。

永享七年（一四三五）年五月二十日条

ところで、小川禅啓がこのところ病気になっていて、今日の明け方、死去したそうだ。享年七十三歳。伏見荘の政所役を務める古老であった。特別にかわいそうに思う。

小川禅啓は、私が『看聞日記』を読み始めた学生時分からずっと政所役（今の村長さんのような役職）を務めていました。伏見荘内でトラブルが起きると、あちこち奔走していたマメなオジサンです。そのように長期間、日記の中で慣れ親しんできた人物なので、日記の上でのこととは言え、その禅啓が亡くなったことに衝撃を受けました。

日記はさらに続きます。

息子の小川浄喜は家で父の喪に服している。禅啓は田中承泉の養父でもあるので、承泉には宮家から休暇を出させて、家で謹慎させた。禅啓の病気は、流行病だそうだ。それで、田中承泉が伏見荘内のあちこちを巡り歩くのを止めさせたのである。

禅啓の病気である流行病、原文では「世間病」と記されています。そのため養子の承泉が伏見荘内のあちこちに出歩くことを、貞成は禁じたのでした。当時はまだ病原菌の感染という観念はありません。しかし、「流行病の可能性がある者があちこち出歩くと病気が拡がる」という危険性は、既に認識されていたのでしょう。当時の知識人がもっていた流行病に関する知識としても興味深い一節です。

あらためて小川禅啓の冥福をお祈りしたいと思います。

(21) 麁色《そしき》を取る

永享七年(一四三五)八月十二日、将軍の足利義教が後小松上皇御所の跡地に、貞成の京都新御所を建ててはいかがかと打診してきました(同日条)。貞成としては御所の京都復帰が永年の夢でしたから、思いがけない誘いに感無量といった感じです。

以下は、義教からの打診があった当日の記事です。

同年八月十二日条

内裏の御大工・宮家の大工である源内・将軍家の御大工である奈良番匠、この三人の大工から、それぞれ「麁色」をお取りになったそうだ。内裏御大工の「麁色」は七百貫文、源内は八百二十貫文、将軍家大工は二千貫文余りだという。この三人の内、誰に工事を任せるかはまだ決まっていないらしい。

この「麁色」という言葉は、どういう意味なのでしょうか。辞書をひくと、「そしき」は「見積もり、見積書」のことだとあります。

「麁」はもともと建物の破損箇所という意味だと思います。それに「色」とは様子とか状況というような意味でしょう。すなわち、「麁色」はもともと「破損報告書」というような意味だったのでしょう。それが「破損箇所の修理見積書」となり、さらには一般に「見積書」という意味に発展したと考えられます。

「麁色」は「見積書」。このような意外な造語があるところに、中世語の面白さがあります。

(22) 赤ん坊の頭は吉事である

ある朝、伏見宮家台所の縁の下に、赤ちゃんの頭が転がっていました。さあ大変です。この頭をどうしたらよいか、ちょっとした騒動になります。

永享十年（一四三八）二月十日条

宮家台所の縁の下に、赤ん坊の頭があった。野良犬が咥えてきたらしい。午前九時にそれを見付けて、吉凶が分からないので、陰陽師の賀茂在貞に尋ねてみた。

すると在貞は、「赤ん坊の頭は吉事なので、その場所にお埋めください」と返答してきた。この返答を不審に思ったので、さらに在貞に問い質すと、「確かに病気や悪口などによる災いがおこるかもしれません」とのことだった。

ところが宮家の面々は、「やはり赤ん坊の頭は吉事で、その証拠もあります」と言い張った。とはいえ、赤ん坊の頭は門外に捨てた。

医師の竹田照善が来た。天皇陛下の御乳人が内裏にお仕えしているので、「宮家は穢れているので、戻ってこないように」と伝えさせた。五体不具の穢なので、七日間は謹慎していなければならない。宝厳院住職がお寺に帰られた。

伏見宮家台所の縁の下に、野良犬が赤ん坊の首を咥えてきました。このことの吉凶が分からないので陰陽師の賀茂在貞に尋ねたら、吉事とのことでした。

人の死体そのものは言うまでもなく、穢の対象で凶事です。ところが赤ん坊の頭は吉事だと陰陽師はいいます。さすがに貞成も不審に思って在貞を詰問しましたら、在貞は伏見宮に迎合して、「やはり病気や口舌ですねぇ」と前言を撤回しました。病気や口舌はもちろん凶事です。

ところが宮家の女房や家司たちは、「やはり赤ん坊の頭は吉事で、その証拠もあります」と異論を唱えます。とはいえ貞成は納得せず、赤ん坊の頭を宮家の門外に投げ捨てさせました。

そして天皇陛下の御乳人（庭田重有の妻）に対して、「宮家は穢れているので、内裏から宮家へ帰ってくるな」と注意します。もしも御乳人が宮家に戻れば、御乳人にも穢が伝染します。穢れた御乳人がそのまま内裏へ戻れば、天皇も穢れてしまい、「天下触穢」という大ごとに発展します。貞成はこのことを恐れたのでしょう。

「赤ん坊の頭は五体不具の穢なので、宮家の者は宮家内で七日間、謹慎していなければならない」と、貞成は判断しています。私も、貞成の判断の方が常識的だと思います。なぜ賀茂在貞や宮家の人々は吉事と判断したのでしょうか。こちらの判断こそ、不審に思うのですが。

㉓屏風を逆さまに立てるということ

私が子どもの頃、祖父母が亡くなると、大盛りご飯の上にお箸を逆さに立てる「逆さ箸」とか、遺体に着せる帷子《かたびら》を左右逆に着せる「左前《ひだりまえ》」というようなことが行われました。これは死んだ人に対して行う習俗で、決して生きている人が行ってはいけないと親から言われました。このような死者に対する習俗の古い形が、『看聞日記』には記録されています。それは屏風の立て方をめぐるものでした。

永享十年（一四三八）四月四日条

光侍者が来た。先日の相国寺法堂の落慶法要で、室町殿の御見物席に屏風を逆様に立てたらしい。そのように屏風を立てた二人の僧は侍所に逮捕されたそうだ。考えられないような失敗であろう。

貞成が「考えられないような失敗」だと感想を述べているように、屏風を逆さまに立てることは通常、考えにくいことです。それに、臨済宗の僧が屏風の制作に携わる事例は『看聞日記』だけでもいくつも見られます。したがって相国寺の僧が屏風の上下を間違えるとはまず考えられません。たぶん何らかの作為が働いていたのではないでしょうか。

この行為に対して幕府は、侍所による逮捕という厳しい対応をとっています。足利義教の指図によるものでしょうが、この対応もいささか度が過ぎるとさえ思います。

もしかしたら当時、「屏風を逆さまに立てること」に関する何らかの禁忌があったのかもしれません。そうであれば、この二人の僧は足利義教に対して何らかの恨みがあって、この行為に至ったのではないでしょうか。

そこで想起されるのが、近現代の葬儀で屏風を逆さに立てる慣習です。民俗学者の林英一氏によると今のところ、この慣習が中世に遡って確認されてはいないようです。しかし、この慣習が室町時代には既にあった可能性を、この記事は強く示唆しているのかもしれません。このことを念頭におくと、相国寺の二人の僧は屏風を逆さに立てることにより、足利義教を死者に見立てたことになるのかもしれません。中世は、このような儀礼慣行に敏感な時代でもあります。この行為は単なる嫌がらせにとどまらず、義教の呪い殺すことにも繋がったのではないでしょうか。そうであれば、逮捕という厳しい措置を幕府がとった意味も明確になってきます。

ここまで物知り顔で書いてきましたが、私は当初、葬儀で屏風を逆さに立てる慣習を知りませんでした。それに対して示唆を与えてくださったのが、私よりも十歳ほど年上の法制史学者・田中修實氏です。田中氏は一九九八年に御尊父を見送った際、屏風を逆さに立てたことを覚えていらっしゃいました。それで、この慣習が中世まで遡るのではないかとのご示唆をいただいたわけです。

しかし私が十数年前に父親を見送ったのは斎場でしたので、屏風そのものがありませんでした。仮に自宅で見送ったとしても、私の実家にも屏風はありません。そのような住環境の変化から、逆さ屏風の慣習も現在ではほとんど消滅しかかっているのではないでしょうか。

(24) お盆を祝う

お盆の儀礼は、死者に対して行うものです。ところが『看聞日記』には、まだ生きている親に対して「お盆を祝う」という不可解な儀礼が記録されています。いったいどういうことなのでしょうか。

永享七年（一四三五）七月十日条

娘の岡殿御稚児より一献の酒を贈られた。これは、南御方とともにお盆をお祝いして下さいとのことだった。

私たちの感覚でお盆は、亡き人を悼み再会する日という観念が強いですが、『看聞日記』には「お盆をお祝いする」という記載がみえます。

底本でこの箇所は「これ、盆祝着の儀、南御方と相共に祝うべしと云々」とあります。管見の限り、「お盆を祝う」という表現は『看聞日記』ではこれが初めてです。時に貞成数え年六十四歳。そして、これ以降も「お盆を祝う」という表現が続きます。

また一四三二(永享四)年のお盆直前、七月十三日にも「酒を飲んだ。息子・娘たちからお祝いしてもらった」(現代語訳)という記述があります。この時、貞成は数え年六十一歳。

これらの点から還暦以降の長寿者に対して、その長寿を祝う意味として「お盆を祝う」という習慣が当時あったのではないでしょうか。そのお祝いのために子どもたちからお酒や銭が贈られ、それにより祝宴を開いています。そのことを貞成は「千秋万歳を祝着せしむ」などと表現しています。現代語訳すると「私の長寿をお祝いしてくれた」という感じなのでしょう。

この後も「お盆のお祝い」は、永享八年七月十四日条、永享九年七月十一日条、永享十年七月十一日・十三日条、嘉吉三年(一四四三)七月十日条というように、連年続いています。

民俗儀礼に生見玉《いきみたま》といって、生きている両親に刺し鯖《さば》などの食物を供える慣行があります(林英一氏のご教示による)。万里小路時房『建内記』嘉吉元年七月十日条に「五辻来たり、面々も張行し、いささか祝着の儀を表す。毎年の儀なり。世俗に生見玉と号す」とあります。この場合は、万里小路家の家司である五辻らから万里小路時房が祝宴を受けているのです。『建内記』で贈答されるのも祝宴＝お酒で、祝着＝お祝いという点で『看聞日記』と共通しています。

「お盆の祝い」では、親自身へ酒を贈答します。かたや「生見玉（＝生御魂）」では生きている親の魂に刺し鯖をお供えします。両者の間には贈答からお供え、酒から刺し鯖というような相違が認められますが、お盆の祝いは民俗儀礼である生見玉の先駆的形態とみてよいでしょう。

仏教以前から七月十五日のお盆には、一月十五日小正月と対になる行事として、歳神や祖先崇拝との関連があったようです。歳神や祖先を祀るという儀礼との関連で、一家一族の長老の長寿をお盆の際に祝うという儀礼があったものといえましょう。

(25) 貞成は七草粥を食べたか

最後にもう一つ、正月七日人日の記事をみてみます。

嘉吉元年（一四四一）正月七日（人日《じんじつ》）条

いつものように七種でお祝いした

この「いつものように七種でお祝いした」という箇所は、底本では「七種祝着如例」と書かれています。はたしてここに出てくる「七種」とは、どんなものなのでしょうか。

中世の人日では、一般に若菜を摘んで羹《あつもの》（熱い汁物）にして食べます（本章「(12) 人日に雪が降るのは豊作の吉瑞」参照)。十三~十四世紀の百科事典である拾芥抄《じゅうがいしょう》には、「七種菜」として現代と同様の「ナズナ・ハコベ・セリ・アオナ・ゴギョウ・スズシロ・ホトケノザ」がでてきますので、『看聞日記』の「七種」は春の七草で間違いないでしょう。

興味を引かれるのは、この七種がお粥なのかどうかという点です。羹を粥と同一視している辞書もありますが、やはり本来は違うでしょう。『日本国語大辞典』第二版では七草粥の初出を天明七年(一七八七)の『俳諧筆真実』とされています。

ということで、この箇所は「いつものように、七種類の若菜を煮込んだお吸い物(※)を食べて、人日をお祝いした」と現代語訳しました。そして「七種類の若菜を煮込んだお吸い物」について、「底本では、ただ「七種」とある。この時代の人日では、七種類の若菜(ナズナ・ハコベ・セリ・アオナ・ゴギョウ・スズシロ・ホトケノザ)を、羹(あつもの=吸い物)にして食べた」という注を付けました。

七種のように現代でも続く習俗だと、過去の行事も現代と同一の行事内容と捉えがちになりますので、歴史的な違いに気を配ることが大事だと思います。

四　怪異と霊力

怪異というのは、一般的には自然界の不思議な現象を指します。ただ中世ではその概念が日常生活にも拡がっていて、数多くの怪異が見られました。そして怪異が起こる事に、陰陽師にどのように対処したらよいか占わせました。

一方、霊力というのは思いがけなくも不思議な力のことを指します。怪異と違って、人はその霊力を自分のために用いることができる場合があります。

怪異や霊力は数多く存在していましたが、ここでは紙幅の都合上、その一部をお示しします。

(1) 北山大塔の怪異と足利義満の霊夢

これは、現在の金閣を遺跡とする足利義満の別荘「北山殿」と、そこに立っていた七重塔「北山大塔」をめぐる怪異のお話です。

応永二十三年(一四一六)一月九日条

午後七時に雷が鳴って風がひどく吹き荒れた。その時分に、赤い光が空に輝いた。もしかしたら火事ではないか不審に思っていたところ、京都北山にある七重塔が落雷で炎上したそうだ。雷が三回、塔に落ちたという。僧侶や俗人、大工たちが命をなげうって消火にあたったが、とうとう焼け落ちてしまった。すべて天魔の仕業であることは勿論のことだ。去る応永七年（一四〇〇）、相国寺の七重塔が雷によって焼けた。その後、その七重塔を北山にお移しになられた。その造営がいまだ終わらないうちに、また焼けてしまった。この立派な塔は、今の末代の世の中には不釣り合いなのであろうか。仏法が滅亡するもっとも確かな徴候であり、悲しむべきことであり、歎くべきことだ。すぐにまた相国寺に移して再建するという命令がでたそうだ。

応永七年（一四〇〇）、洛中にある相国寺の七重塔が雷で焼けました。そこで将軍・足利義満は自らが住む北山御所に、七重塔を再建しはじめました。その塔を人々は北山大塔と呼んだそうです。ところが応永十五年（一四〇八）、義満が病死したため、この再建工事は中断を余儀なくされました。その後、北山御所には義満の妻・日野康子が一人、北山女院として住んでいました。ところが応永二十三年一月九日、建造中の北山大塔がまたしても雷で焼け落ちてしまったのです。貞成は、末代（末法）の日本ではこのような大規模な仏教建築は不釣り合いなことで、それでまたしても焼失したのではないかと考えます。またそれは仏法が滅亡する確かな兆候であると歎いてもいます。このことだけなら、単なる火事の話に過ぎませんが、この話には後日談があります。

同年一月九日条（続き）

後日に伝聞したところでは、北山女院・日野康子殿が八日のご夢想で、故足利義満殿がいらっしゃって、女院に次のようなお話をされたという。「近日、肝をお潰しになるようなことがあるだろう。しかし、他の所へ出かけてはいけない。そのままここに居なさい」とのことであった。義満殿のお供で折烏帽子《おりえぼし》を被った男が女院をお祓いしたので、女院が「どういうことでしょうか」とお尋ねになった。すると義満殿は、「これはあなたが無事でいられるためにするお祓《はら》いだ」と仰っている様子をお見届けになったところで、夢が覚めてしまった。その翌日、七重塔が炎上した。不思議な御夢想だという。それで七重塔の火事の際に女院は他所へ出ることはなかった。人々は驚いたけれども、女院はそのまま北山の御所にいらっしゃったという。

北山大塔焼失の前日、北山女院・日野康子の夢に足利義満が現れます。夢の中の義満は康子に対して、「近く驚くようなことが起こりますが、決して北山御所から出てはいけません」と忠告します。さらに折烏帽子を被った陰陽師と思われるお供の者が康子にお祓いをします。義満は「これは康子が無事でいられるためのお祓いだ」と告げたところで、目が覚めます。

その翌日に北山大塔が雷火で焼失しますが、康子は一歩も北山御所から外へ出ませんでした。言うまでもなく当時は木造建築ですので、七重塔が焼けたら同じ敷地内にある御所の寝殿も類焼する恐れがあります。それなのに避難しない康子に、人々は驚いたそうです。康子としては、そのような「常識」よりも、夢に現れた夫の忠告を頑《かたく》なに守ったのでしょう。
これだけなら義満夫妻の麗しい愛情物語ということになるでしょうが、この火事には別の噂も流れていました。

同年一月九日条（続き）

また聞いたことによると、九日、稚児二〜三人や女房たちが七重塔の上でうろうろしていたという。夜に入ると、ロウソク二〜三十本ばかりに炎がきらめいているように見えたとか。その後、何時間もしないうちに、炎上したという。天狗の仕業であろうか。

九日には二〜三人の稚児や女房たちが北山大塔の上でウロウロしていたといいます。さらに夜になると大塔で二〜三十本ばかりのロウソクの炎がきらめいていたとか。その数時間後、大塔は焼け落ちました。これらは天狗の仕業ではないかと、貞成は推測しています。この話をあわせてみると、義満が康子に北山御所から外へ出るなと忠告したのは、天狗などの天魔が北山大塔で暴れるので、その災厄にあわせないよう忠告したとも受け取れます。そう考えると、義満の霊夢が康子を怪異から救ったとも解釈できるのかもしれません。

（2）カメの小便の漢方薬

カメの小便が難聴の薬になるなんて、あなたは信じますか？

応永二十三年（一四一六）四月二十六日条

御所様（栄仁親王）が最近、お耳が燃えるように熱くなって、聞こえなくなった。医師の昌者に御所様のお尋ねがあった。「亀を水で洗って、仰向けにして鏡で自分の姿を亀にみせると、小便をするはずです。その小便を良い漢方薬に調合してお耳に入れるとよろしいです」と昌者は申した。そしてその良薬を献上した。そのために宇治川で亀を捕まえて、言われたとおりに鏡を見せた。亀はすぐに小便をした。医師の言ったとおりだ。すばらしい処方だ。

カメのおしっこなんて、本当に効くのでしょうか。当時は変な民間療法がけっこうあって、別な史料ですが「ミミズを黒焼きにして飲む」（『政基公旅引付』）などというものもありました。

（3）怪異の噂

ここでは、応永二十三年（一四一六）に起こった四つの怪異（不思議な出来事）に関する噂を見ていきましょう。

①四月二十五日条　北野天満宮の怪鳥

北野天満宮に今夜、怪しい鳥がいたという。鳴き声は、大竹を押しつぶしたような音だったそうだ。神社も大きな音を立てて揺れた。二またの杉に止まって鳴くので、参詣する人や通夜をする人たちがとても驚いたらしい。身分の低い社僧一人が弓でこの鳥を射落とした。鳥の頭は猫、身体は鶏で、尾は蛇のようだったそうだ。目は大きく光っていたという。世にも希な怪鳥である。室町殿へ報告したら、怪鳥を射落とした社僧にお褒めの言葉があった。練貫※一重と太刀一振を社僧に下さった。鳥の死骸は川に流すようにと、お命じになったそうだ。

※練貫《ねりぬき》…縦糸に生糸、横糸に練り糸を用いた平織りの絹織物。

北野天満宮に怪鳥が現れました。頭は猫、身体はニワトリで、二またの杉にとまり、大竹を押しつぶしたような声で鳴いたそうです。これを天満宮の社僧が弓矢で射落としました。報告を受けた室町殿・足利義持は社僧を褒めて、死骸を川に流させたそうです。これは明らかに怪異なのですが、その吉凶を陰陽師に占わせもしていません。その場で怪鳥を射落としたので、一件落着ということなのでしょうか。

②五月二十一日条　諸社・諸寺の怪異

庭田重有朝臣が京都から帰ってきた。京都で聞いた世間話を語ってくれた。春日社や日吉社で、怪異があったそうだ。春日社の社頭あたりに突然、一夜のうちに穴が空いたという。穴の底へ棹を差し込むと、深さは六メートルほどに及んだという。あまりに不思議な事なので、春日社の社家が朝廷へ報告したそうだ。

また日吉社の小五月会で神輿が出発する時に、鳩が一羽飛んできて神輿の長柄に衝突し胸を強打して即死したそうだ。だいたい日吉社のあたりでは鳩がほとんどいないという。また鹿も一頭死んだそうだ。これらのことも日吉社の社家から報告されたという。

石清水八幡宮でも怪異があった。しかし同社の責任者は今のところ、何も報告していないそうだ。

また北野天神である菅原道真が、大衆になりかわってご病気になっているらしい。それで大勢が北野天満宮にお参りし、皆、和歌や連歌などを奉納しているそうだ。

春頃から三井寺へ琵琶湖から燈明が流れ寄ってくる。まるで櫛戸※のようだ。これは、日本国にとっても三井寺にとっても怪異である。先例では、このような事があると、三井寺に火災があるという。

諸社・諸寺の怪異は不思議なことだといえよう。

※櫛戸《くしど》…頻繁なことのたとえのようだが、未詳。

応永二十三年は、怪異が多い年です。奈良の春日社の社頭には突如、深さ六メートルほどの穴が空いたそうです。

比叡山日吉社の小五月会で、一羽の鳩が神輿に強打して死に、鹿も死んだらしい。

北野天満宮では祭神の菅原道真が民衆に成り代わって病気になったらしい。誰かがそういう霊夢を見たのでしょうか。

近江国の三井寺（園城寺）に琵琶湖から灯明が流れ着いてきたそうです。このような怪異のあと、三井寺が火災に遭った先例があるらしいのです。

石清水八幡宮でもまた怪異があったらしいが、詳細は分かりません。

いずれも噂のレベルの話ですが、賑やかなことですね。

③七月八日　空から降り下る蛇と龍

朝に大雨が降った。後で聞いたところによると、大雨のさなか、相国寺の鎮守八幡宮の社前あたりに、天から小さな蛇が一匹降ってきたそうだ。子供がそれを打ち殺してしまった。近江国にもこの日、龍が舞い降りてきたそうだ。希にみる不思議なことだ。

空から降ってくる龍と蛇。大人は怪異だと恐れるが、無邪気な子どもたちはその小さな蛇を打ち殺してしまった。子どもには怪異などという言葉は通用しない。

④七月一六日　蛇の怪異三話

〈蛇の怪異（その一）〉

さて伝説などというものは、記録してもつまらないものだが、耳にした話を書き止めておこう。少し前のことだが、下京あたりで米を売る者がいた。その米屋に男が一人やって来て「お米を買いましょう」と言って、枡だという器を預けて置いた。「今度取りに来るまで、この枡を持ち上げてはいけません」と言い、枡を伏せて置いたまま、その男は出ていった。その後、いくら待っても男は戻ってこない。その翌日も男は来なかった。あまりにも変だと思ったので、その枡を持ち上げてみたら、枡の下には小さな蛇がとぐろを巻いていた。不思議に思って見ていたところ、この小蛇はたちまち大蛇になってしまった。この米屋には、十六～七歳くらいの顔のかわいらしい娘がいた。大蛇はその娘にぐるぐると巻き付いて、家の中を通り抜けて、姿を消した。両親は驚き、大声をあげて泣き叫んだが、娘の行方はとうとう分からなくなってしまったという。

〈蛇の怪異（その二）〉

また別の話。下京に住んでいる男が宇治の今伊勢神社へお参りしたら、社頭あたりに白蛇がいた。この男が扇を開いて「もしあなたが宇賀神※ならば、この扇に乗って下さい」と言った。そうしたら、この蛇が扇の上に這い上ったので、喜んで布に包んで連れ帰った。そして自分の家の北西の角に社を作って、そこに蛇をお祭りした。そうしたら、思いがけず物が手に入ったり、他人も物を貸してくれたりして、生活が安定してきた。それでやはりこの蛇は宇賀神だと思い、お供えをして大切にしていた。そうしているうちに、この白蛇は次第に大きく成長していった。それで恐ろしくなって、男はこの蛇をどこかに捨てようとした。それに対して、妻は「宇賀神であるならば、捨てるべきではありません」と反対したので、その通りだと思い直して、捨てるのをやめた。

その後、この男が他所に外出する度に、この妻は眠たくなって昼寝をしていた。ある時、隣人が男の家を覗いて見たら、大きな蛇がこの女の上で、とぐろを巻いて、うずくまっていた。隣人がこの事を男に知らせたら、男は「俺もなぜかしらこの頃、気味悪く胸騒ぎがしていた。さては信じられないようなことが起こっているのかもしれない」と言った。それで男は外出する振りをして、隣の家から自分の家を覗いて見ていたら、聞いたとおり、妻は昼寝をしはじめた。そこへ大蛇がやって来て妻の上へ這い上がろうとした。男はそれを見て、走り出し、太刀を抜いて蛇を切ろうとした。そうしたら蛇は男の妻をきつく巻き取って、外へ出ていってしまい、どこかに行方をくらました。男はあちこち尋ね歩いたけれども、一向に行方は分からない。それから、男はまた、たちまち貧乏になってしまった。これは本当に不思議なことだという話を聞いた。

〈蛇の怪異（その三）〉

　またこの五月のころ、河原院聖天※※へ一人の女が参詣した。お籠もり七日目の最終日、本尊の歓喜天の前でお祈りをしていたが、急に立ち上がって女は外へ出ていった。その後、しばらくしても姿が見えないので、心配した僧が外へ探しに出た。そうすると、女は薮に向かって小便をしているようだった。しかし、身体をよじる様子なので不審に思ってしばらく見ていると、女はとても苦しみ始めた。それで周囲の人々に事態を知らせて、近づいてみると、大きな蛇が女の小便の穴に入っていた。僧たちが集まって、女を仰向けにして、蛇の尾を引いてみたが、引き出せない。さらに四〜五人が力を合わせて引いたら、頭のえらの部分から蛇の身体がちぎれて、頭の方は女の腹の中に入ってしまった。それで女は死んだようになってしまった。どこに住んでいる人か尋ねると、女は絶え絶えの息の下で、どこどこの者ですと言った。そこで、その所へ人をつかわして事情を説明させた。輿舁ぎ中間※※※の者など大勢がやって来て、女を連れて帰った。その後すぐに女は死んだとうわさに聞いた。顔かたちがとても美しい女であったが、いったい何を祈願したのであろうか。歓喜天の罰があたったんじゃないかと推測する者もいた。

　このような不思議な話をたくさん聞いた。

※宇賀神《うがじん》…福の神。
※※河原院聖天《しょうでん》…京都・祇陀林寺の歓喜天のことか。
※※※中間《ちゅうげん》…公家や武家に仕える、侍と小者の中間の位にある従者。

蛇の怪異話は多い。貞成も、不思議な話だと驚き怪しみながらも、せっせと記録しています。

（4）マラリア落としの霊物——空海の筆と算木——

マラリアは熱帯・亜熱帯でマラリア原虫がハマダラ蚊を媒介にして寄生して発症する熱病です。この病気は不衛生であった戦前の日本でもしばしば流行し、瘧《おこり》と呼ばれていました。貞成も、持病の瘧に苦しんでいました。瘧の発熱症状は、一定の期間を経て定期的に発症します。そのマラリア除け（マラリアの対処法）を、貞成はいろいろと試しています。ここでは、その一部をご紹介します。

応永二十三年（一四一六）九月二十二日条

今日は、マラリアの発作が起こる日である。それで明け方にマラリア除けのため、弘法大師の筆を濯いだ水を飲んだ。さらには、法安寺の僧である良明房にお祈りもしてもらった。それなのに発作は起こった。ただし症状はやや軽かった。

まずはじめの霊物は「弘法大師空海が使った筆」で、それを濯いだ水を飲むというマラリアが落ちるそうです。貞成が手にした筆がはたして本当に空海が使った筆なのかどうかも怪しく思いますが、結果は、どうだったのでしょうか。その後、良明房に御祈祷もしてもらいますが、やはりマラリアの発熱は起こってしまいます。ただ「その発熱症状は軽かった」と記しているところからすると、この水も多少は効果があるかと貞成は思ったのでしょうね。ところがその翌年、閏五月十七日のお昼頃、マラリアが再発します。

応永二十四年閏五月十九日条

良明房が来て、マラリア退散の祈祷をしてくれた。その他にも、弘法大師の御筆などを濯いだ水を飲んだりした。不動明王・愛染明王の法会を一回、良明房が勤めてくれた。午後三時前にマラリアが再発した。とてもひどい病状だ。散々な目に遭った。

マラリア再発を受けて翌々日の十九日、不動明王・愛染明王の法会をしてもらい、弘法大師の御筆などを濯いだ水も飲みました。今回は発作が治まるどころか、午後三時前にさらにひどい発作に見舞われます。「散々な目に遭った」と、貞成は最大級の愚痴をこぼしています。

同年閏五月二十日条

明け方からマラリアの症状が収まった。さて退蔵庵の僧が算木《さんぎ》でマラリアを治すという。病人の年齢とマラリアが発症した最初の日を書いて渡して下されば、マラリアを落としてさしあげますという。田向三位が勧めるので、それぞれの数字を書いて渡した。

同年二十一日条

明け方、良明房が来て、加持祈祷をしてくれた。また退蔵庵の僧が算木を使ってマラリア治しをしてくれたという。昼頃から再発したが、夕方には治まった。治りかかっている証拠かもしれない。※

※「治りかかっている証拠かもしれない」…底本には「影のごときか」とある。永享四年（一四三二）五月十三日条「今日いささか発す、もしくは影か」・永享八年（一四三六）閏五月二十九日条「ただし夕方には醒めおわんぬ、もしくは影か」というように、類似の表現がある。

同年二十三日条

良明房が来て、加持祈祷をしてくれた。気分はまだよくないが、マラリアの発作は起きていない。もう今は治ったのだろうか。いずれにせよ、すべては、良明房の祈祷とあの僧の算木の効き目であろうか。尊ぶべき法力であり、かつまた、うれしいことである。

貞成は、弘法大師の御筆を濯いだ水ではもうマラリアは落ちないと観念したようです。それで次にすがりついたのが算木です。これは、占いや計算に用いる木札ですが、これに病人の年齢とマラリアが発症した最初の日を書けば、退蔵庵の僧がマラリアを落としてくれるといいます。そして今回は良明房の祈祷と退蔵庵僧の算木が効いたのだと、貞成は喜びます。

医学的な知識を持つ現代人にとってはなんとも不可解な治療法ですが、当時の人たちからすると、藁にもすがる思いだったのでしょうね。

（5）手ぬぐいの怪異と栄仁親王の死

中世の人々は、日常生活の小さな破綻さえも怪異であるとみなしました。そのうちの一つ、手ぬぐいの怪異をご紹介します。

応永二十三年（一四一六）十一月三日条

早朝見たところ、私の顔拭き手ぬぐいがネズミに食い破られていた。先月の頃も食い破られていて、またしてもの事だ。吉凶はどうであろうか。

【頭書】顔拭き手ぬぐいがネズミに食い破られたこと、後に知った大通院御所様の死去と思い合わせると、とても凶事なことの兆しであった。

貞成の顔拭き手ぬぐいが、先月と同様にネズミに食い破られていました。この怪異の吉凶は不明でした。ところがその後、十一月二十四日に栄仁親王が亡くなったことから、これは凶事を示す怪異であったと貞成は思い合わせるのでした。私たち現代人からすると単なる偶然としか思えませんが、信心深い中世人は怪異と吉凶を結びつける思考性が強かったのでしょうね。

(6) 京の化け狸

現在でも狸は人に化けるといわれていますが、私は一度も化け狸をみたことはありません。中世の狸は現代よりも活発で、都会の酒屋にも現れたようです。

応永二十四年(一四一七)五月八日条

さて聞くところによると、今日、京都の一条辺りの酒屋に一人の下女がやって来て、酒を注文してすぐに飲んで帰ろうとしたそうだ。

その帰り際に、犬が来て、その下女に吠えかかった。下女は驚いて逃げ出した。下女につきまとう犬を人々も追いかけた。そして犬はなおも下女に噛みつこうとして走り懸かっていき、吠えた。そうしたら、下女のかぶっていた帽子が落ちた。なんとこの下女の頭の上には、毛が生えている耳があった。それで、この下女が化け物だと分かった。

そこへ大勢の人々が集まってきて、この化け物を捕まえ縛りつけた。そうしたら、下女はたちまち年老いた狸の姿になってしまった。人々が殴りつけ、引きずり回したので、狸は死んでしまったそうだ。まれにみる不思議な出来事だ。

京都一条辺りの酒屋で、帽子を被った一人の下女が酒を飲んでいました。その女は酒を飲み終わるや、すぐに酒屋を出て行きました。ところが、通りがかりの犬がその女に吠えかかります。女は驚いて逃げ出しましたが、犬は女に噛み付こうと走り懸ります。そうしたら帽子が落ち、下女の頭に毛の生えた耳があからさまになりました。

酒屋や道すがらの人々も下女と犬を追いかけます。そして下女の頭の耳を見付けると、大勢が集まってきて、女を捕まえ縛り付けました。するとたちまち女は、年老いた狸の姿になってしまいました。それでこれは狸の化け物だということになり、人々が殴りつけ引きずり回したので、死んでしまったそうです。

貞成は、お酒を持参して京都から宮家に訪ねて来た勝阿から、酒席での噂話としてこの話を聞いていています。簡単には噂を信用しない貞成ですが、勝阿の話に真実味が籠もっていたせいでしょうか、まれにみる不思議な話だと感嘆しています。

ひっそりと一人静かに酒屋の片隅で酒を飲んでいた下女が、狸に見間違われてリンチに遭ってしまったのではないかと、現代人の私としては可哀想に思ってしまいます。皆さんはどのようにお感じになりましたか。

(7)不浄負け

神様は、宗教的な汚れである穢《けがれ》を嫌いました。穢に犯された不浄の状態で神様に接しようとすると、不浄負けという体調不良に見舞われたようです。

応永二十四年(一四一七)九月三十日条

伊勢神宮にお参りしてきた者たちが戻ってくるという。村人たちが坂迎え※として、宇治まで行ったそうだ。綾小路信俊前参議も同行したらしい。(中略)

さて綾小路前参議は宇治からの帰り道、ひどく体調を崩したそうだ。それで宮家へ戻ることができずに、内本善祐の家に泊まったらしい。前参議はまったく気抜けした様子だと報告があったので、びっくりした。

重有朝臣を病気見舞に派遣して、前参議に蘇香円などを与えた。ひどく酔ったせいであろうか。もしかしたら不浄負けかもしれない。さまざまな治療をして、少し回復したという。巫女にお祓いをさせた後に、人心地がついたようだ。不浄負けだったのは、確実のようだ。綾小路の体調が戻ってきたのは、喜ばしい。

※坂迎《さかむか》え…遠い旅から戻る者を村境などで出迎えて、酒宴をすること。

伊勢神宮参拝者の宇治での坂迎えに同行していた綾小路信俊が、宇治からの帰り道、ひどく体調を崩して宮家には戻れず、伏見荘地侍である内本善祐の屋敷に急遽、泊まることになりました。信俊は漢方薬の蘇香円など服用したあと、巫女がお祓いをしたら人心地に戻ったそうです。このことから信俊は不浄負けになったのだろうと、貞成は推測しています。不浄負けとは、穢れた身体で神事及びその関連事業に携わったことによる体調不良をいうようです。信俊自身は伊勢神宮に参拝しておらず、その坂迎えの酒宴に参加しただけですが、それでも不浄負けになるのですね。神威あらたかというところでしょうか。

この他にも不浄負けの事例がみられます。

応永三十年（一四二三）十二月十五日条
私は昨日から眼の病気である。このごろはあちこちで大勢の人が病気で苦しんでいるそうだ。

同年十二月十九日条
昨夜は一晩中、そして今日も半日、言葉にできないほど眼が痛かった。重い病状だ。心身ともにどうして良いかわからない。それで巫女に占わせたところ、不浄負けだそうだ。すぐに御香宮に対してお詫びした。そうしたら夕方から苦痛が少し治まった。

十二月十四日、妻の二条殿庭田幸子が、産所にしている実家の庭田家で女児を無事出産します。この時、貞成は「無事出産したのは、まずはめでたい。ただ最近は、世間で男児が不足している。それで女児は無用であり、不運の至りである」と、ひどいことを言っています。それでこのまま母子が戻ってくれれば、宮家は産穢になるだろうからと急遽、貞成は御香宮へ安産のお礼をしに参詣しました。ところがその翌日から、貞成の目が痛み出します。さらにその翌日もひどい痛みなので、巫女に占わせたところ。不浄負けとのことでした。それで御香宮へお詫びをしたら、夕方から痛みが和らいだそうです。この「お詫び」とは、お詫びの金品を巫女にもたせて御香宮へ代参させたということなのでしょう。

もう一例。

応永三十二年（一四二五）九月二十日条

さて室町殿（足利義持）は今日、伊勢神宮へお参りに出かけるはずだった。ところが急に延期となったそうだ。その理由は、室町殿に同行する畠山満家管領へ家臣たちがお見送りの一献を申し入れ、その酒宴の最中に馬屋の馬三頭が一度に倒れたことにあるという。不思議なので、陰陽師の賀茂在方に占わせたところ、不浄負けだそうだ。

それで畠山家中の者どもを調べたところ、人夫二人が田舎で鹿を食べたことを白状した。同じ火で作った食べ物を彼らとともに管領もお食べになったので、管領の参宮を延期させるために神が馬を死なせたらしい。神様の思し召しはいよいよ恐ろしいものである。それで今後七十五日間、伊勢神宮にお参りすることは叶わなくなったそうだ。

伊勢神宮へ参拝する足利義持に同行する管領畠山満家をお見送りする酒宴を開いている最中に、厩の馬三頭が一度に倒れたそうです。それを陰陽師の賀茂在方に占わせたら、不浄負けだとのことでした。畠山家中の人夫二人が田舎で鹿を食べ、同じ火を使った料理を彼らとともに満家が食べたので、不浄負けになったといいます。ただこの場合、人夫と同様に穢れた畠山満家を神宮参拝に同行させないよう、神が馬を死なせたと解釈しています。不浄負けの罪をかけられた馬こそ、いい迷惑でかわいそうに思います。

なお永享四年（一四三二）四月二十五日、次男の貞常王の体調不良を不浄負けではないかと、貞成は疑いました（同日条）。ところが実際には貞常はマラリアに罹っていて、不浄負けではなかったようです（四月三十日条）。

さらにもっと恐ろしい不浄負けもありました。

永享五年（一四三三）十二月十六日条

去る十三日に御香宮の巫女一《いち》が死んだそうだ。一は上皇御所へ行き、右衛門督の部屋で酒を飲んだそうだ。これは（故後小松上皇の）四十九日の間（底本「御中陰」）のことなので、不浄負けの咎でたちまちに死んだそうだ。神様の思し召しは恐ろしい、恐ろしい。

御香宮巫女の一が、後小松法皇死去後の四十九日中に、上皇御所右衛門督の部屋で酒を飲みました。それで一は不浄負けで亡くなったそうです。後小松が死んだのは十月二十日なので、御中陰内での飲酒は十一月中のことだったのかもしれません。それにまた、これは神事ではなく仏事です。とはいえ貞成は「神様の思し召しは恐ろしい、恐ろしい」と恐れていました。

（8）伏見荘石井村の奇女

伏見荘のような田舎では、狐や狸が人間に化けるのは日常茶飯だったようです。

応永二十五年（一四一八）二月十六日条

聞くところによると、伏見荘石井村の藪中にある新御堂に、変な女がこの二〜三日の間、夕方になると現れるという。ある者はこの女を見ることができるが、それ以外の者には見えないらしい。もしかしたら、キツネやタヌキの仕業かもしれない。変な話だ。

京の酒屋に女性に化けた狸がでましたが、伏見荘石井村にも変わった女性が出現しました。ある人にはその姿が見えるのに、それ以外の人には見えないようです。貞成は、狐か狸の仕業とみていますが、いかがなものでしょうか。

（9）六条殿後戸《うしろど》の怪異

六条殿というのは、もともと後白河法皇の御所のことでした。六条殿御所には持仏堂である長講堂があり、そのお寺も六条殿と呼ばれていました。この長講堂本尊の背後である後戸には、長講堂を守護する伊勢社・八幡社が祀られていました。その後戸で起きた怪異のお話です。

応永二十五年（一四一八）二月二十一日条

さて生島明盛・島田益直らが報告してきたことによると、このお正月に六条殿の後戸に祭られている伊勢社・八幡社の御戸がひとりでに開いていたという。この御戸は二重なのだが、皆開いていたらしい。またカラスが御堂内に入ったとも言っている。
怪異なので、年始の間は内密にしていた。二月になったので、後小松上皇にこの怪異を報告した。陰陽師の賀茂在方に占わせたところ、天皇陛下の飲まれるお薬に注意すべき事や御堂の炎上について予知した怪異だという。そのために六条殿で七日間、大般若経を略読させることになったそうだ。

六条殿とは後白河法皇の御所のことで、法皇亡き後はその持仏堂である長講堂が六条殿と呼ばれていました。「後戸」というのは本尊の背後のことで、六条殿の後戸には伊勢社と八幡社が祀られていたようです。その扉は二重になっているのですが、なぜか開いてカラスが御堂内に侵入したといいます。これは怪異だということで、陰陽師の賀茂在方に占わせたら、天皇のお薬や御堂の炎上に気を付けなさいとのことでした。

(10) 夕陽と羽蟻の怪異

これもまた怪異のお話です。真っ二つに割れた夕陽と羽蟻の群に関する怪異です。

応永二十五年（一四一八）三月十四日条

さて先月二十日の夕陽は赤みを帯びており、太陽が二つに割れたそうだ。これは称光天皇陛下も御覧になったという。占わせたところ、ひでり・火事・兵乱の兆しとされたそうだ。

二月二十日の夕陽が二つに割れてみえたとあります。これは怪異で、日照り・火事・戦争の兆候だと陰陽師が占ったそうです。この怪異を、内裏で称光天皇も見ていたとのことでした。

同年三月十七日条

午後三時に門の車寄せの外側で羽蟻の群が立った。占わせたところ、謹慎すべきだという。最近、来客を待たせることがあったので、それが良くなかったのであろうか。そのこともあって、長絹の小狩衣と大口袴を新調して、今日、着てみた。

今度は伏見宮家の怪異で、車寄せの外側に羽蟻の群ができたそうです。陰陽師に占わせたら、謹慎しなさいということだった。最近、客を待たせることがあったので、それが原因かと貞成は反省している。それで長絹の小狩衣と大口袴を新調して試着したとありますが、これが謹慎といえるのでしょうか。もしかしたら貞成が来客を待たせたのは、適当な衣類がなかったためなのかもしれませんが。

なお翌年も、羽蟻の群ができます。

応永二十六年三月二十六日条

さて午後一時に、伏見宮家の門の牛車の乗降口あたりに羽蟻が大量に群れ立っていた。怪異なのだろうか、不審である。

このときは、特に対応はしなかったようです。怪異かと不審には思いつつも、放置したのでしょうね。

(11) 光り物の飛来

これは、夜空を流れる光り物の怪異です。怪異は天変地異ともいいますが、夜空の星の不審な挙動とともに、このような光り物も天変ということになるのでしょう。

応永二十五年(一四一八)四月十一日条

午後七時に空で異変があった。東から南西の方向へ光り物が飛び渡っていき、空にそびえるように輝いた。今夜、京都で火事があった。火事は京極持光の屋敷の近辺だそうだ。

伏見荘の上空、東から南西の方角へ光る物体が飛んで行き、空にそびえるように輝いたそうです。特に明るい流れ星の火球かもしれません。この後に京都市内での火事の記事が続きますが、方角的にみてこの光り物とは関係ないでしょう。

(12) 怪異「犬の小便」

手ぬぐいの破れが怪異とされたように、日常で良くある犬の小便も怪異と見なされました。

応永二十六年（一四一九）一月十七日条

今日、犬が常の御所に入ってきて、縁際の中柱に小便をした。怪異だろうか。不思議なことである。

犬の小便をなんで怪異だと思うでしょうか。現代人からすると、中世人のこのような観念こそ摩訶不思議に感じます。動物の行動も含め、大自然に対する畏れという観念が根底にあるのでしょうか。

同年一月二十日条

さて先日（十七日）の犬の小便について、陰陽師の賀茂在弘に問い合わせたところ、病気や火事の前兆だと占ってきた。ご用心くださいとのことだった。

【頭書】別の陰陽師の話によると、犬の小便は一年中ありきたりのことで、特に問題はないとのことであった。

陰陽師の賀茂在弘は、貞成の諮問に対して、犬の小便は「病気や火事の前兆」だから用心するようにと勘申してきました。その後、別の陰陽師にも尋ねてみたら、「犬の小便は一年中ありきたりのことで、特に問題はない」という至極当然の回答が来ました。当時の人の間でも、怪異についての恐れ方にけっこうな温度差があったことが伺えます。

同年一月二十二日条

法安寺住職の良明房が来て、仁王経《にんのう》を読んでもらった。三日間連続で読んでもらうことにした。これは、犬の小便の穢れを祓うための祈祷である。

ありきたりのこととは言いながらも、貞成はやはり気にするタイプの人だったようです。それで法安寺住職の良明房に、三日間連続で仁王経を読んでもらいました。ただしこの箇条では犬の小便は「怪異」ではなく「穢れ」ということになっています。受け止め方がトーンダウンしていますね。そして当然のことながら、またしても犬は宮家に小便をします。

同年三月十日条

さて今朝の午前七時、伏見宮家の常の御所に犬が入ってきて、奥の屏風に小便をかけた。怪異であろうか。判断が付かないので、とりあえず七度のお祓いをさせた。この正月にも犬が入ってきて常の御所を汚されたことがあった（正月十七日条）。度重なる出来事を怪しく思ったので、陰陽師の賀茂在弘に三月上巳の日のお祓いを献上させた。

貞成はまだ犬の小便を怪異かと疑っています。とはいえ再度のことなので、陰陽師にお祓いをしてもらいました。

(13) 狐憑きによる病気治療

病人に狐を憑けて治療するという民間療法が、中世にはあったようです。

応永二十六年(一四一九)三月五日条

聞くところによると、白川資雅神祇伯兼近衛中将が今日亡くなったそうだ。数日間病気で臥せっており、祈祷師が狐を憑けて病魔を落とす治療もしたそうだ。享年二十五歳。漢詩文の才能少しある者だった。若死にで、とてもかわいそうだ。

当時は、貴族社会においても、狐を憑けて病魔を落とすという治療もあったのですね。二十五歳の貴公子。かわいそうなことでした。

(14) 足利義持狐憑暗殺未遂事件

一方、こちらは人に狐を憑けて殺そうとしたお話。これは大きな事件になりました。

応永二十七年（一四二〇）九月十一日条

さて室町殿の御風邪は、相変わらずの容体らしい。それどころか日を追って、身体の自由が利かなくなっているようだ。医師の高間が狐を付けていることが明らかになったので、管領の畠山※が逮捕して、家人である薬師寺にその身柄を預けたそうだ。その際、狐三匹も捕まえて、縛りつけて置いたそうだ。

陰陽師の定棟も同じく狐憑きであることが明らかになったので、細川義之讃岐守が逮捕したそうだ。不思議なことである。国家の御祈祷はすべてこの一大事に集中している。驚くべき事である。

※「管領の畠山」…この時の管領は細川満元である。貞成の勘違い。

前項では狐を憑けて病気を治す施術をみましたが、今度は逆に狐を憑けて相手を病気にする術もあったようです。医師の高間や陰陽師の定棟が、足利義持に狐を憑けて身体に自由を利かなくさせたとして、細川満元管領や守護大名の細川義之に逮捕されました。そして続く九月十四日には、詳しい事情が判明しました。

同年九月十四日条

室町殿は少し元気になったそうだ。高間は侍所に引き渡され、いろいろと尋問されたそうだ。高間の自供により、狐憑きの同類八人が昨日逮捕された。彼らは医師・陰陽師・験力のある僧たちだという。

このうち、五摂家の二条持基左大将※に仕えている家司の高階俊経朝臣は医道を学び狐を使っているという噂が日頃からあった。それで俊経も逮捕されたようだ。

俊経朝臣の娘である尼僧が惣得庵に居る。またその尼の姉妹が世尊寺行豊朝臣に嫁いでいる。この娘たちが右往左往と戸惑いながら没落していくのは、かわいそうなことだ。行豊朝臣は、この嫁をすぐに離別したそうだ。

この他、目医者である松井大進・宗福寺長老・清水堂の堂主らも逮捕されたそうだ。彼ら以外に犯人の名は聞いていない。

室町殿へ昼も夜もお仕えしている人々は、烏丸豊光卿・日野有光卿・裏松義資卿・冷泉永藤朝臣・清原常宗らである。

広橋兼宣や慈光寺持経らは朝廷や上皇御所にお仕えしているので、室町御所へは来なくてよいと言われているそうだ。広橋自身は以前から室町殿に譴責されているので、もとより室町御所へは行くことができない。

※二条持基左大将…『公卿補任』によると、応永二十七年正月に持基は左大将を辞めている。

医師高間の白状により、医師・陰陽師・験力のある僧たち八人が狐憑きの同類として逮捕されました。また五摂家・二条持基の家司である高階俊経も、狐を使ったとして逮捕されました。さらには目医者である松井大進・宗福寺長老・清水堂の堂主らも、逮捕されました。そうとう広範囲に渡って、狐を使って義持を暗殺しようとするグループが存在したようです。

(15) 伏見荘に火車《かしゃ》が来た

火車は地獄にいる妖怪です。これがこの世に現れるのも、怪異とされました。

応永二十八年(一四二一)二月三十日条

この近所あたりで火炎が燃えさかっているのが見えるという。皆がそれを眺めている。どうやら御香宮巫女の家のあたりらしい。この巫女の家がある村は、病気になる者が多い。もしかしたら、火車が来たのかもしれない。または火柱だろうか。いずれにしても不思議なことだ。とても不審なことである。

火車とは、火の燃えている車のことです。罪人を乗せて地獄に運んだり、乗せた罪人を火で責める車と言われています。また火柱とは空中に立ち上る火の柱で、火事の前兆などとも言われます。いずれにせよ不吉な怪異で、貞成も頻りに不思議がっています。

(16) 鶯《うぐいす》が屋内に飛び入るのは怪異か吉兆か

鶯が屋内に飛び入る。まだまだ自然豊かな中世では、よくある自然現象だったのでしょう。中世人は、これを怪異か吉兆かで、悩みました。

応永三十一年（一四二四）二月二日条

さて日暮れ時分に鶯が常の御所に飛び込んできた。これを捕まえて鳥籠に入れた。およそ野鳥が部屋に入ってくることは怪異である。ただし鶯なら問題ないのかもしれない。吉事か凶事かわからない。

【頭書】鶯のこと、後になって思い合わされたのは、この翌年、私が親王に任命された件である。鶯は高い木を飛び移る鳥である。つまりこの鶯は昇進のめでたい兆しを示したものだったのである。とてもめでたいことだ。

宮家の室内に鶯が飛び込んできました。貞成はおよそ野鳥が部屋に入ってくるのは怪異だと断じます。ところが翌年になって、貞成は思いがけず親王に任命されます。そのことと思い合わせると、鶯が室内に入ってきたのは吉兆だと考え直し、この日の日記本文の上部に頭書として加筆しました。鶯は高い木に飛び移る鳥だからというのが、吉兆とされた理由です。高い木に飛び移るのは何も鶯だけではないと思うのですが。いやいや貞成のめでたく嬉しい気分に水を差すのはやめましょう。

永享三年（一四三一）十一月十四日条

鶯が宮家の客殿に入ってきた。めでたい兆しだ。先年も鶯が常の御所に入り、翌年に私の長男が天皇になった。このような佳例なので、めでたい、めでたい。陛下に関する良い噂が京都から地方に拡がるめでたい兆しであろう。

また鶯合が宮家へ飛び込んできました。もはや鶯が宮家に飛び込んでくるのは、伏見宮家にとって佳例となりました。めでたいことですね。

(17) 蛙の大量発生は奇瑞である

蛙が大量発生するのも、豊かな自然が残る中世ではよくある自然現象だったのでしょう。ただ鶯ならともかくとして、大量の蛙が発生しているのはあまり気持ちのいいものではありません。やはり怪異かと思いきや、これは吉瑞、めでたいことが起こる前兆らしいのですが。

応永三十二年（一四二五）二月十四日条

ところで最近、御所旧跡の馬場にヒキガエルが数千も出るそうだ。この馬場は昔の御蔵の跡である。この馬場のヒキガエルは、田の中に入っていくという。ヒキガエルは大小あり、その数は分からないほど多いそうだ。帰りがけにこの御蔵の跡を覗いたところ、今はカエルが全く見当たらなかった。

カエルがたくさん出現することは、めでたい兆しであり、最近でも良い例があった。応永十五年（一四〇八）、室町殿御所で数千万ものヒキガエルが出現した。ほどなくして将軍が天下を掌握した。とてもめでたいことである。

カエルが大量に発生するのは吉瑞だそうです。現代語訳で「将軍が天下を掌握した」という箇所、底本では「将軍、天下を執る」とあります。現代語訳にある応永十五年の五月六日に大御所の足利義満が没し、第四代将軍義持が名実共に幕府の実権を握りました。これを貞成は「将軍、天下を執る」とあからさまに表現したのでした。

(18) 貞成の妻・庭田幸子が霊夢を見る

貞成の奥さんである庭田幸子さんが、おめでたい夢を見ました。それに対する貞成の反応は？

永享十年(一四三八)正月二十三日条

南御方(貞成の妻・庭田幸子)が、神仏のお告げがある不思議な夢を見た。内裏の内侍所へ行き、後花園天皇陛下の御前の階段を昇った。すると御簾の中に貴人がいた。貴人は女性のようだった。その貴人の御前に、内侍所の女官や神職のような者たちがお仕えしていて、整然と並んでいる。

お目にかかってからの帰り道、いろいろな物を拾い取って、懐に入れた。そこで目が覚めたそうだ。

さしずめ、ご利益に預かる事ができる夢なのであろう。それなので、ここに記録した。きっと私が願いを達成する夢想であろう。めでたい、めでたい。

この記事の前段、内裏の内侍所の御簾内にいた「女体」(底本の表現)の貴人は、天照大神なのでしょう。

鞍馬寺からの帰り道で代参者が拾った百足が神仏の利益を示す「御福」だという記述も別にありました(永享九年(一四三七)八月二十九日条)。寺社(この記事では朝廷内の神社である内侍所)からの帰り道に拾った物は、神仏によるご利益の賜物という考え方があったのでしょう。

後段で貞成は、「きっと私が願いを達成する夢想であろう」と述べています。この箇所、底本では「先途を達せらるべき夢想なり」（可被達先途夢想也）とあります。この「被」は自敬表現と思われ、叶えらるべき「先途」は貞成自身のことということになります。

貞成は、妻の夢想も夫の利益を示すものと考えていたようです。

(19) 足利義教御所に現れる髪切り女房の妖怪

中世で妖怪というと、百鬼夜行する付喪神《つくも》が有名です。付喪神は九十九年生きた器物が妖怪に変化したものです。しかし中世も後期になると、人間の姿をした妖怪も現れるようです。

永享十年（一四三八）二月七日条

聞いたことだが、将軍の御所中に女房の姿をした妖怪が現れるらしい。その妖怪は女房の髪の毛を切ったり、あるいは小袖を切ったりする。また、切られている人の目には妖怪が見えるが、他人には姿が見えないそうだ。不思議なことである。御祈祷をしても、その妖怪は消え去らないという。

「女房の姿をした妖怪」という箇所は、底本で「変化の物」とあり、そこに「女房と云々」という割注が付されています。この話を聞いて思い出すのは、同年一月二十日条の記事です。

住心院実意が新年の挨拶に来たので対面して、一献の酒を飲んだ。住心院は、今日から室町殿御所の御壇所に詰めるそうだ。このところ、室町殿御所では髪切りの邪気がひどいので、その邪気を退散させるために御祈祷をなさるという。

この「髪切りの邪気」とは、「髪切り女房の妖怪」と同列のものでしょう。そしてまたこの妖怪は、以前の日記にも書いた事件（「一(27) 足利義教御所内の乱れ」参照）とも関連するようです。煩を恐れず、その箇所を再掲しましょう。

永享九年（一四三七）十一月六日条

阿野実治中将の娘である二条も将軍に処罰されて、稚児のように髪を切り払われたそうだ。これは、後花園天皇陛下が室町殿御所へお出ましになっている最中の出来事らしい。それで、二条はすぐに御所から出て行ったという。

室町殿の上様（足利義教の事実上の正妻・正親町三条尹子）が御気絶なさったのも、天狗の仕業であった。このように、室町殿御所中で不思議な事が数多く起こっているらしい。

稚児のように髪を切られた二条の生霊あるいは死霊が、この妖怪の正体ではないでしょうか。正親町三条尹子を気絶させた「天狗」も、同じ妖怪の仕業なのかもしれません。

⑳カラスの怪異

前に見た犬の小便と同様、カラスの挙動もよくある自然現象です。さすがにカラスの室内飛び込みは怪異かどうか判断に困ったようです。

永享十年（一四三八）八月六日条

カラスが一羽、宮家の会所に飛び込んできた。友のカラスに追い入れられたらしい。これは怪異であろうか。念のため、お祓いをさせた。

カラスが、宮家の会所に飛び込んできました。これは怪異かどうか判断がつかないので、とりあえず陰陽師を呼んでお祓いをさせました。

カラスの飛び込みは、当時でも怪異かどうか判断出来ないグレーゾーンの現象だったのでしょう。それでも念のため、貞成はお祓いをさせています。怪異に対してはよほど神経質になっていたことが分かるエピソードです。

(21) 香水の霊力

香水とは身に付ける香りのことではなく、東大寺修二会という法会で汲み取られる聖水です。どのような霊力があるのでしょうか。

永享十年(一四三八)八月一六日条頭書

春日神社の御師である中東時茂が、東大寺二月堂の香水を進上してきた。私の脚気を治すため、この香水を飲んだ。とても良く効く香水だと評判だったので、取り寄せてみたのである。

東大寺二月堂の「香水」とは、修二会の行事「お水取り」で、閼伽井屋という建物の中にある若狭井から練行衆が汲み取った水のことで、本尊の十一面観音にお供えされます。現在でもこれを「御香水」と呼んでいます。

実忠和尚が修二会をはじめた時、毎日初夜の終わりに神明帳を読んでいました。それは修二会の行法を守護してもらうため、諸国の神々を勧請し祈願するためでした。

しかし若狭の遠敷明神は、釣りに夢中となり二月堂へ行くのに遅刻しました。そのお詫びとして、本尊の十一面観音に供える水を若狭国(福井県)から送ると誓います。そして、その後二月堂の下の岩をたたくと水が湧き出したそうです。

この場所を「若狭井」と名付け、湧き出した水を本尊へ供える風習が起こったといわれています。

そのような謂れがある水なので、何らかの神秘的な霊力が備わっていると信じられたのでしょう。それで懇意にしている春日神社御師に頼んで、練行衆が汲み取った水を分けてもらい飲んだというわけです。

貞成は以前にも瘧（マラリア）落としの妙薬として、「弘法大師の筆をゆすいだ水」を飲んだりしています（応永二四年（一四一七）閏五月一九日条）。

貞成は、特別な水の霊力を心から信じていたようです。

(22) お彼岸に京の一条戻橋東詰で、凶事を拍す妖物が夜な夜な出現する

京の一条戻橋で夜な夜なお囃子をする妖怪が現れました。さてどのような妖怪なのやら。

嘉吉元年（一四四一）二月二十七日条

今日は、お彼岸の中日である。（中略）ところでこのところ、一条戻橋東詰に夜な夜なお囃子をするものがいるそうだ。三日目の夜に細川持常讃岐守が人を出して見に行かせたら、突然、消え去ったそうだ。これは妖怪の仕業であるということで、細川は将軍に報告したという。このものは、縁起の良くない言葉で囃していたそうだ。噂はあてにならないが、将軍へ報告した

ということは実際の出来事だったのであろうか。それに、「事文」も出ている。（中略）

【頭書】この妖怪は、下京でも囃しているそうだ。いろいろな噂が飛び交っている。

夜な夜な縁起の良くない言葉でお囃子をする妖怪、原文では「凶事を拍す物、妖物」とあります。橋詰すなわち橋のきわは、この世（此岸）とあの世（彼岸）を結ぶ場所だと言われている場所です。

そしてこの妖物は、上京の一条戻橋東詰だけではなく、下京にも出現しているそうです（頭書）。単なる噂だけでは信用できませんが、細川持常が足利義教に報告しているということで、貞成はこの件は事実かもしれないと考えているようです（山田邦和氏のご教示によると、実際に細川持常の屋敷は一条戻橋東詰近くにあったそうです）。ただし、この報告の件も噂に過ぎませんが。

最後に出てくる「事文《ことぶみ》」とは、怪異などが起こった後に、世間に出回る文書のことです。事文には、怪異による災難を避けるために、呪《まじな》いをしたり賽《さい》（サイコロ）を振ったりすることが指示されています。そしてその後、酒宴をするのが通例となっています。ここでは、一条戻橋東詰で拍す妖物についての事文なのでしょう。そして三月一日には、この事文にしたがって、宮家の男女で賽を打っています（同日条）。なお事文については、照井貴史「『事文賽打』について」（『アジア文化史研究』六号、二〇〇六年）が詳しいです。

(23) 邪気を祓う

邪気とは、人に取り憑いて病的な状態にしてしまう悪霊のことです。邪気を祓うとは、この邪気を人の体内から追い出すことです。今回は、病気の元凶である邪気を取り払うお話です。

伏見宮貞成の娘である娘の入江殿（三時知恩寺）今御所（住職）の性恵は、嘉吉元年（一四四一）三月十四日、当時流行していた疱瘡《ほうそう》（天然痘）に罹りました（同日条）。その後、なかなか容態は回復せず、同年三月二十五日からは「性恵の邪気」と呼ばれるようになります。

たぶん疱瘡の症状は軽快したものの、性恵は精神的に不安定な状況に陥ったのでしょう。以前にも、入江殿（尼寺）の比丘尼たちの怨念の的にされて、性恵は情緒不安定になっています。

貞成はもとより、将軍足利義教も性恵の邪気を心配して、陰陽師に占わせて陰陽師や僧侶に祈祷させたり、医者に治療させたりしました。当時としては最高級に近い祈禱や治療を尽くしてはみたものの、性恵の邪気は一向に良くなりませんでした。

そこで同年五月十五日、貞成はこれまでにしてこなかった方法を試みることにしました。

嘉吉元年五月十四日条

①算置法師を呼んで、娘の入江殿今御所性恵のことを尋ねた。算置法師は「とてもひどい邪気です」と答えた。

②また「見とおし」という名の陰陽師にも、娘のことを同じく尋ねた。「結局、邪気のようです」

と言った。「この邪気を取り除けられなければ、一大事が起こります。祈祷することが大事です」とも言った。この陰陽師は、占いの結果を筋道を立てて分かりやすく説明してくれる、それで「見通し」という異名があるそうだ。（中略）

③ツバメが頻りに宮家内の常御所に飛び込んできて、何かを告げているようだ。宇治の今伊勢神明社や御香宮へ、娘の入江殿今御所性恵の代理人を参詣に行かせた。

④入江殿が近江国坂本の山王社へ使者を行かせた。日吉山王権現の使いである猿に食べ物を与えれば、良い兆しが現れるという。猿に大豆を与えて、祈願が成就するようであれば、猿はその大豆を食べるという。しかし成就しない場合、猿はその大豆を食べずに立ち去るらしい。そこで入江殿の使者が猿に大豆を与えたところ、よく食べたそうだ。それで、娘が回復するめでたい兆しがあるようなので、何とか頼みの綱にしたい。めでたい、めでたい。（中略）

⑤算置法師に娘に対する御祈祷を命じた。また三井寺大心院に霊験をあらわす行者がいるというので、この者にも御祈祷を命じた。それで御撫で物を大心院に送った。

貞成はこれまで、「朝臣」という敬称が付く四位・五位の官人である陰陽師や医師、それにもっぱら密教系の寺僧に、占い・治療・祈祷を依頼してきました。しかし二ヶ月経っても、まったく娘の邪気が祓われる様子が見られません。

そこで貞成は、①算置《さんおき》法師を宮家へ呼びました。算置とは、算木《さんぎ》を用いて陰陽道系の占いを行った下層民間の占い師です。貞成が呼んだ算置は僧形だったので、算置法師と呼んでいます。この算置法師は、性恵がとてもひどい邪気に取り憑かれていると占います。

それから次に、②「見通し」という異名をもつ民間陰陽師も呼びました。この民間陰陽師も、邪気を取り除かなければ、娘さんにとっては一大事になると占いました。「一大事」とは「死」を意味しているのでしょう。

また同日には、③ツバメが宮家の常御所に飛び込むというアクシデントが起こります。いつもなら、これは怪異ではないかと疑い陰陽師に諮問するのですが、貞成はツバメが何かを告げようとしているのではないかと解釈します。日記にははっきりと書かれていませんが、ツバメの飛び込みは吉兆ではないかと貞成は考えていたのでしょう。そして宇治の今伊勢神明社や伏見荘鎮守社の御香宮へ、娘の代参人を行かせています。

一方、入江殿三時知恩寺（尼寺）でも、④近江国坂本の山王社へ使者を行かせています。そこで、「山王社の使いである猿に与えた食べ物を食べたら、祈願が成就する」と言われます。それで使者が猿に大豆を与えたところ、よく食べました。このことは即日に貞成へ知らされて、これを吉兆だと喜んでいます。

そして、改めて⑤算置法師や三井寺大心院の験者に祈祷を依頼しているのです。

『看聞日記』に、このような民間の算置や陰陽師が出てくることは、これまでありませんでした。父親としては、よほど追い詰められたうえでの対応なのでしょう。

このように娘にできる限りの手を尽くした甲斐もなく、同年五月二十八日早朝、性恵はわずか二十八歳の生涯を閉じたのでした。

(24) 足利義教をうらむ怨霊が義勝を呪い殺す

暗殺された義教を恨み続ける怨霊がいたそうです。その正体はいかに。

嘉吉三年(一四四三)七月十七日条

室町殿足利義勝《よしかつ》殿のご病状がとてもひどいらしい。南御方が天皇陛下の御乳人をお供につれて、室町殿御所へお見舞いに行かれた。そしてすぐに帰ってこられた。大上臈が対面して、「室町殿は赤痢の病です。医師の和気茂成《わけ》朝臣が処方した良いお薬が効いたようで、下痢の回数が少し減りました」と仰っていたそうだ。

十八日条

医師の和気尚成を私の面前まで呼び寄せて、(足利義勝に関する)詳しい状況を尋ねた。「邪気はよりましに移り憑いて、一色義貫《よしつら》だの赤松満祐《みつすけ》などといろいろ口走っているようです。そして、普広院《ふこう》足利義教のご子孫七代までは取り殺すとも言っているそうです」とのことだった。そのため室町殿御所では、五壇法やら泰山府君《たいざんふくん》祭をしたり、七仏薬師へ三十三人も参詣させるなどしているらしい。いろいろな御祈祷を数多く行い、修験者どもも懸命にお祈りしているという。

専制君主だった足利義教が暗殺されて、息子の足利義勝が次期将軍になりました。しかし足利義勝はまだ幼く、さらには赤痢にかかってしまいます。赤痢は赤痢菌による感染症ですが、当時は「しゃくり」と呼んでいたようです。

この義勝の病は、足利義教を恨んでいる邪気（怨霊）が取り憑いたものとされています。「よりまし」（神霊を取り憑かせる役の人）に移り憑いた怨霊は、「私は一色義貫だ、赤松満祐だ」などと、いろいろ口走っています。

一色義貫は永享十二年（一四四〇）の結城合戦に関連して、足利義教に討伐された守護大名です。また赤松満祐は、嘉吉の乱（永享元年）で足利義教を暗殺した守護大名です。

さらにこの怨霊は、「普広院足利義教のご子孫を七代までは取り殺す」と、呪いもかけています。専制君主の報いがその子孫に祟る、恐ろしいことですね。

そして義勝はとうとう数え年十歳の時に、室町邸で亡くなっています。落馬が死因だとする説もありますが、この赤痢によって病死したという説が有力です。

京都の等持院にある足利義勝の坐像を見ると、まだまだ幼い普通の男の子です。親の因果とはいえ、かわいそうなことですね。

(25) 毒虫

目が四つある毒虫は草を食いつくし、この毒虫を食べた魚や牛も死んでしまいます。さてこれはどのような怪異なのでしょうか。それとも…。

嘉吉三年(一四四三)八月二十三日条

庭田重村朝臣が伏見から戻ってきた。蔵光庵の境内にある畠に毒虫が付いたそうだ。その形は小豆のようで、眼が四つあるそうだ。畠に生えていた全ての草が、この毒虫に食い尽くされたという。それで畠の草を刈って川に流したところ、その虫を食べた魚が死んだらしい。この虫が食べていた野草を刈って牛に喰わせたところ、その牛もたちまち死んでしまった。これは小川浄喜が飼っていた牛で、この草を食べた途端、牛は倒れたらしい。このような状況なので、この虫や虫が食った草を食べたら、人も死んでしまうことだろう。他の村でも、同じようなことが起こっているらしい。これはまさに「天災」(底本の記載)で、不思議な話である。

この強力な毒虫が何であるかは分かりません。ただここで注意しておきたいのは、貞成がこれを「天変地異」や「怪異」などとは言わず、「天災」と表現している点です。なぜこれを怪異とは言わず、「天災」と言ったのか。この「天災」とは、現代でも通じる「自然災害」という意味ではないでしょうか。

ここに近世以降、自然災害を「天変地異」や「怪異」などとして片づけず、災害を人間に可能な方法で回避したり、またその被害を人為的な方法で軽微にしようとする「叡智」の発現が感じられます。

呪術から技術へ。そのような展開が室町時代中期にも、わずかながら伺えるように思いますが、いかがでしょうか。

五 中世の合戦と犯罪

中世は、戦争の時代です。戦争で戦うことを当時、合戦と呼んでいました。また中世は戦争と同様に、犯罪も多発していました。その犯罪の実行方法や取り締まりや摘発の方法も、まるで合戦のように荒々しいものでした。現代の私たちからすると、どれが合戦でどれが犯罪やその取り締まりなのか、見分けが付きがたいものでした。そこで、この項ではいずれも荒々しい合戦と犯罪の諸相を見ていきます。

(1) 戦う公家――八条公衡の奮戦――

公家というと男女ともにおしとやかな方々というイメージがありますが、中世のお公家さんはけっこう勇ましかったようです。まずは、そのお公家さんの活躍を見ていきましょう。

応永二十三年(一四一六)五月五日条

また今夜、朝廷の実権を握る九条満教右大臣の家に強盗が入った。九条家の家司である八条公衡中将がただ一人、数ヶ所傷を負いながらも防戦したという。そのうえ、強盗のうちの一人を討ち取った。また傷を負った強盗も何人かいるらしい。公衡朝臣は公家なのに強盗を討ち取り、とても名誉なことだと評判になっている。

合戦の時代を生きる公家も、戦いの心得を多少は持っていなければ生きていけなかったことでしょう。摂関家の一つである九条家に強盗団が押しかけました。その折、九条家に仕えていた実務官僚である八条公衡がただ一人武器をとり、応戦しました。公衡は数箇所の傷を負いながらも強盗一人を討ち取り、数名にも傷を負わせたそうです。中世とはいえ、公家一人で強盗を返り討ちにしたのはさすがに希有で、名誉なことだったようです。この公衡の奮戦は、京都中で大評判となりました。

(2) 上杉禅秀《ぜんしゅう》の乱と錦《にしき》の御旗

室町時代は平和な時代のように思われがちですが、南北朝時代と戦国時代に挟まれた室町時代中期も、たえず内乱が起こっていました。その代表的な内乱の一つである上杉禅秀の乱を見ていきましょう。

①応永二十三年(一四一六)十月十三日条　上杉禅秀の乱

さて聞くところによると、今日の夕方、鎌倉公方足利持氏《もちうじ》から飛脚が室町幕府に来たそうだ。今月二日に前関東管領上杉氏憲《うじのり》右衛門佐が謀叛を起こし、故足利氏満《うじみつ》の末子で現鎌倉公方持氏の叔父※である足利満隆《みつたか》を大将軍として、数千騎の軍勢で鎌倉を急襲したという。

鎌倉公方足利持氏左兵衛督は軍備を整えていなかった上に、諸大名も敵方に味方して鎌倉公方の軍勢にはならなかった。上杉憲定《のりさだ》安房守の息子で現関東管領の上杉憲基《のりもと》が鎌倉公方の味方になったが、わずか七百余騎の小勢力だった。そのため合戦を避けて退き、駿河国境に落ち延びたらしい。

同四日には、上杉氏憲の軍勢によって、鎌倉公方足利持氏左兵衛督の屋敷など、鎌倉中が焼き払われた。以上のことが、飛脚によって幕府に報告されたという。

室町殿は因幡《いなば》堂へお籠もりになっていたので、そこへ諸大名が急ぎ集まり会議を開いた。駿河国は室町幕府が管轄しているので、まず駿河国へ軍勢を出すようにと、駿河国守護の今川範政※※にお命じになったそうだ。また足利持氏方へも使者をお送りになるそうだ。相国寺南長老が使者として派遣されるらしい。

後に聞いたところでは、上杉氏憲右衛門佐が謀叛した発端は、氏憲が足利持氏左兵衛督の母と姦通《かんつう》したことにあったそうだ。そのため、足利持氏が上杉氏憲を討ち滅ぼそうとしているとの情報があったので、氏憲は自分の領国である越後国へ落ち延びた。ところが、姦通したというのは虚報だったので、持氏が氏憲をお許しになった。しかし、氏憲としては持氏が自分を討ち滅ぼそうとしたことになお鬱憤《うっぷん》を抱《いだ》いていたので、謀叛を起こしたのだという。

※「叔父」…原文では「舅」とある。
※※「今川範政《のりまさ》」…原文では「金吾《きんご》」（衛門府の唐名）とあるが、範政の官途としては確認できない。

上杉禅秀の乱は、関東管領上杉禅秀が鎌倉公方足利持氏に背いた反乱事件です。この事態に、幕府がどのように対応したのかがうかがえます。

②応永二十四年一月二十一日条　上杉禅秀の乱の終結と錦の御旗

聞くところによると、十九日に関東から幕府へ飛脚が来たそうだ。最近の数回の合戦で、敵方はあるいは降参し、あるいは討死したという。そして、この十一日には、敵の大将軍・足利満隆とその一族三人、それに前関東管領の上杉氏憲右衛門佐ら数十人が切腹した。それでたちまち平和になったとの連絡があったそうだ。室町殿の御所へ諸大名らが駆けつけ、天下泰平となったことを口々に讃《たた》えたという。すべて室町殿にとって幸運の至りである。とてもめでたい、めでたい。

世尊寺行豊《せそんじゆきとよ》が幕府御旗の文字を書いた。それで彼が室町殿へお祝いに駆けつけたところ、常の御座所へ通されて、室町殿と対面したという。室町殿は行豊を特にお褒めになられて、追ってご褒美があるだろうと仰ったそうだ。世尊寺は能書の家なので、代々御旗の文字を書いてきた。そして朝敵を退治した時にはご褒美があったものだという。こうしためでたい先例通りに、今回もご褒美がだされるであろう。

世尊寺家は能書の家で、「錦の御旗」の文字を書く役目を担っていました。「錦の御旗」とは、朝廷から幕府に下賜される官軍の旗印です。そして無事、朝敵を討ち果たした暁には、将軍から世尊寺家へご褒美が出される慣例となっていました。今回の上杉禅秀の乱鎮圧により、先例通り、世尊寺行豊には将軍からご褒美が下されたことでしょう。

(3) 即成院強盗事件

伏見荘内の即成院というお寺に、強盗が入りました。その強盗事件とそれに対する処罰について見ていきます。

①伏見荘即成院に強盗が入る

応永二十四年(一四一七)五月二十七日条

昨晩、強盗数十人が即成院に押し入り、院主や善基らの寮などへ乱入した。衣装や道具などをすべて奪い取ったという。それなのに、強盗を一人も討ち取らなかったらしい。内部で強盗を手引きする者がいたのだろうか。

即成院へ預けて置いた、古記録が入った箱は、一つも取られなかった。これらの箱には古い反古紙が入っているに過ぎないと内部事情を知っていた者の仕業であることは、まちがいあるまい。庭田重有朝臣を使者にして、驚きましたと即成院を見舞わせた。

伏見荘内にある即成院というお寺に強盗が入り、衣装や道具をすべて奪いました。伏見宮家から預けられた（あまり価値のない古文書しか入っていない）文書箱が残されたことと強盗が一人も返り討ちにされていないことから、これは即成院の内部事情を知る者の犯行だと、貞成は推理しています。

②御香宮で村人全員に起請文を書かせる

同年六月二日条

さて、即成院の盗人について捜査をさせた。伏見荘全荘の地侍・寺庵・人供行者（本書「二（7）お寺の法律「殺生禁断」参照）・村人たちなど、すべての人々を御香宮に集めて、神前で起請文（本書「二（9）③懐妊疑惑への申し開き」参照）を書かせた。その場で起請文の失《しつ》が出た者を捕まえようと準備していた。しかし、特に失が出た者はいなかった。まずはよかった。七日間の間、失が出た者を処罰しよう。

即成院の強盗犯を見つけだすために、貞成は伏見荘に住むすべての人々に起請文を書かせました。とはいえ、それぞれが一枚一枚起請文を書いたのではなく、「私は即成院の強盗をしていません。もしそれがウソならば神々からの処罰を受けます」という内容の起請文に、全員の署判を書かせる形の多数連署判起請文でしょう。その後の七日間、鼻血が出るなどの「起請の失」を示した者を逮捕させるつもりでした。

③次郎と有慶の自白から、地侍の三木《そうぎ》三郎が主犯だと判明する

同年六月十三日条

朝早く田向三位が来た。即成院の盗犯が誰だか判明したという。次郎という名の者が自白したらしい。

その男が言うには、「犯行は、三木助太郎善理の弟である三木三郎の仕業だ。『即成院是明房は密通をしているので、打ち殺してやりたい。そのついでに、即成院主や善基らの財産も奪い取ろう。よろしく頼む』と三木三郎が言った。その二〜三日後にまた三郎が来て言うことには、『俺は、下野良有の弟で卿と呼ばれている有慶の使いで来た。今回のこと、よろしく頼む』とのことだった。『もしこの件に合意しなければ、承知しないぞ』という様子だった。※それなので、とりあえず承諾しておいた。しかし即成院へ乱入する時、俺は一緒に行かなかった。その後、犯人捜査が厳しく行われたので、口封じのため、俺を殺すことだろうと思った。これは逃れられないので、このままでは殺されるしかない。それで自白しました」ということだっ

た。「神様に誓って、最初は犯行に同意しましたが、実際には一緒に盗みをしていません」と言ったという。

それで有慶をすぐに呼び出して問い質したところ、三木三郎は有慶も犯行に誘ったという。やはり有慶も次郎も三木三郎に同意していたことは、もちろんである。しかし、事件当日は有慶も次郎も犯行に従わなかったと強く言い張っている。

また去年十二月十日、楊柳寺へ盗人が押し入った。これも三木三郎の犯行だという。いろいろと自白が揃ったので、三木三郎に関して、兄の三木助太郎善理に対し、「三木三郎が盗人であることが判明した。三郎の身柄をこちらに寄こしなさい」と命じた。ところが三木善理はうやむやな返事しかせず、さらには「三郎は外出していて不在です」と言ってきた。

かくなる上は、強制的に逮捕しようと伏見荘の役人たちは話し合ったそうだ。自白した有慶・次郎の両人に対しては、まずは起請文を書かせるようにしたという。御香宮で両人に起請文を書かせた。不思議なことであり、到底許しがたい事件である。

※「承知しないぞという様子だった」…底本は「定遅致しがたき体なり」である。意味が通らないので、無理があるが「定遅」を「承知」と解した。

次郎と有慶の自白から、即成院強盗の主犯は、三木善理の弟である三木三郎だと判明しました。

ところが三木家は伏見荘有数の地侍です。ここから、話がこじれだします。

④三木善理一族の逃亡

同年六月十四日条

さて盗犯のことだが、昨夜、三木助太郎善理が小川禅啓の家に来て、次のように話したという。善理は「三郎のことについて不審に思ったので、三郎にいろいろと尋ねたところ、『即成院に押し入った盗犯は次郎と有慶が張本人で、彼らが俺を誘ってきたのだ』という。そして三郎は自分が張本人ではないことを、金打※をして誓った。たとえ起請文を千枚書かされたとしても、何も痛みはしない。だから三郎を連れて侍所へ行くつもりだ。その時、訴人である有慶や次郎も侍所へ出させて、対決させるべきだ」と話したという。禅啓も「これは良い考えなので、他の関係者も同意して、侍所で対決させることに決めました」と言った。

また即成院の善基が言うことには、「その夜、強盗集団のなかに、三郎がおりました。三郎を見知っておりましたが、あまりに恐ろしかったので、今まで黙っておりました」という。これで既に、証人の証言は明確になった。田向三位は、この善基も一緒に連れて侍所へ参りますと言っていた。

※金打《きんちょう》…刀の刃と鍔《つば》を打ち合わせるなどして音を立て、自分の意見が正しいことや約束を違えない

ことなどを誓った慣行。

同年六月十五日条

今日、あの白状人である有慶・次郎両人を侍所に連れて行くと決まっていたのに、三木善理は明日にしてほしいと言ってきた。とりあえず田向三位が先に京都へ出かけた。

同年六月十六日条

朝早く、伏見荘の役人である小川禅啓・小川有善・広時らが有慶と次郎を連れて、侍所長官である一色のところに出かけた。「三木三郎も同じく出頭します」と三木善理は言っていたそうだ。ところが伏見荘の役人たちが侍所で待っていたのに、三木三郎は来なかった。夕方になっても、とうとう来なかった。

主犯の兄である三木善理が、三木三郎ら一族を連れて、伏見荘から逃亡します。話がだんだん大きな方向に展開していきます。

⑤室町幕府侍所の対応

同年六月十六日条（続き）

田向三位が侍所長官代理の三方範忠にこの事情を説明したところ、「三木三郎の犯行であることは間違いない。そうであれば出頭しないのは当然だろう。いずれにせよ、上皇御所のお引越しが終わった後に、伏見へ行って、三木三郎とその仲間を逮捕しよう」と長官代理は言ったそうだ。

「訴人が有慶と次郎を侍所に預け置きたいと言っているが、話を聞いた限りでは三木三郎の犯行に間違いないので、当方で預かる必要はない。まずは彼らの身柄をそちらにお返しする」と長官代理は言った。

それで、両人を受け取って伏見へ戻ってくる途中、深草あたりで警告しにきてくれた人々に出会った。彼らは「三木善理ら悪党どもが無垢庵に集まり軍勢を率いて、松原辺りで待ち伏せしている」と知らせてくれた。それで、伏見荘の村人たちに応戦の準備をするように言い、そのまま伏見荘に向かった。

そうしたら、松原あたりで三木善理ら三人が走り寄ってきて、「あまりにも不名誉なことなので、お迎えに参りました」と言った。この三木善理らの言葉を無視して、ともかく馬に鞭を打って戻ってきたということだった。

この小川禅啓ら役人たち一行が伏見に戻ってきて、以上のような状況を報告してきた。とてもひどい話だ。

　まず無垢庵に人を派遣して立て籠もっているという悪党どもの様子を偵察させたところ、皆どこかへ逃げ去ったようで、今は誰も居ないとのことだった。このことに関して、三木三郎らを逮捕するかどうかいろいろと会議をした。翌日の明け方になって逮捕することで、役人たちの意見が一致した。


伏見荘の役人たちは幕府の裁決を期待して京都へいきますが、後小松法皇御所の引っ越しで忙殺されている侍所は対応してくれません。さらに三木善理は有慶と次郎を奪い返そうと松原で待ち伏せしますが、役人たち一行は逃げ切ります。

⑥貞成は、守護大名である畠山の介入を懸念する

同年六月十六日条（続き）

　私がつらつらと考えてみるに、このところ京都の要人はみな上皇御所のお引越しの件にかかりっきりである。私領である伏見荘内のことであっても、こういう晴の儀式前なので、わざわざ悪人を捕まえるのは、いささか穏便ではない。もしそのために傷害事件や殺人事件でもおこった日には、伏見荘にとっても外聞がよろしくない。

　そのうえ、三木善理は畠山に仕えているので、善理が主人の畠山へ訴え、それで畠山が将軍

へ嘘偽りの取り次ぎをするのは目に見えている。一昨年、三木与一善康が合戦した事件※でも、そういう状況だったから、その轍《わだち》を踏まないようにすべきだろう。

さらに侍所長官代理は、上皇御所のお引越しが済んだら、三木三郎を逮捕しようと言っているのだ。だから侍所の出動を待たず、私的に盗人を逮捕するのはよろしくなかろう。そう思ったので、「明日、三木三郎の逮捕に向かうのは、とりあえず中止しなさい」と田向三位に命じた。

しかし、伏見荘で盗人を逮捕することは、室町殿の権限の範囲外だと田向三位が反論したので、それ以上重ねて、中止を命じることはしなかった。

※「三木与一善康が合戦した事件」…応永二十三年（一四一六）四月二十三日条を参照のこと。

地侍の三木一族は、守護大名である畠山家の家臣でもあります。それで三木が畠山に偽りを申し入れて幕府を混乱させるのではないかと、貞成は懸念しています。

⑦当面の処分

同年六月十七日条

三木三郎らは伏見荘あたりに潜んでいるらしい。三木三郎らを逮捕してもいいか侍所長官代理に重ねて打診したところ、「犯人はいまだ見つかっておりませんので、そちらで捕まえていただいて、身柄をこちらにお送り下されればありがたいです」とのことだった。

それですぐに伏見荘の役人たちが三木家に向かったところ、皆、どこかに逃げ去っており、家はもぬけの殻だったという。家財道具なども全て、あらかじめ運び出していた。三木家の女性や子供たちも皆、どこかに逃げ去ったという。それで役人たちは、三木善康ら盗犯に味方していた者たちの家は、小屋に至るまですべて焼き捨てた。

三木善理の家に火を懸けるべきかどうか、話し合った。話し合いの中で、「三木善理は御香宮の神主である。畠山家の家臣でもある。それに今回の盗犯の張本人ではない。ただ盗犯の一族として、三郎をかばったに過ぎないのではないか。ただ確かに三郎と一緒に伏見荘から逃げ出しているので、同罪だともいえよう。それであっても、むやみに三木善理の家に火を付けるというのはどうだろうか」という意見がでた。特に私はこのような意見に賛成なのだが、領主として、このように言い出すことは難しい。それでも皆は放火すべきだと言い張って、三木善理の家も焼き捨ててしまった。

近隣の村人たちも集まってきた。「あの三木三郎ら盗人たちを捕まえてきた者には褒美をあげるぞ」と近隣の村々に伝達した。

さて畠山にこの事件のことを伝えるべきだという意見がでた。それで、田向三位に私の書状をもって畠山へ向かえと命じた。

ともかく、まずは当座の問題は無事解決した。皆が集まってきたので、小川禅啓たちにご褒美の酒を振る舞った。

同年六月十八日条

三木助太郎善理が管理している無垢庵は寺庵なので、放火するのはよろしくない。それで建物を解体して、即成院へ寄付することにした。もともと盗人は即成院の調度品や道具類を盗んだので、特に寄付することにしたのだ。今日、無垢庵を解体して、即成院へ運び入れた。

さて田向三位が畠山の屋敷に向かった。取り次ぎ役を通して詳しく説明したところ、畠山はこのことで怒っているとの返事だった。三木善理からも同じく畠山へ訴えている。当方の言い分と善理の言い分の、どちらが正しいか、白黒を付ける言い合いになった。何度も問答したが、いずれにせよ、明日の仙洞御所お引越しの後に決着をつけようとの返事だった。それで田向三位は帰ってきたという。

周乾蔵主・惣得庵主・退蔵庵主・指月庵主・瑛侍者ら、客人が大勢やって来た。皆、この事態に驚いていた。

結局、三木善理の屋敷を焼き捨てる、三木家の寺庵である無垢庵を解体して即成院へ寄付するということで、当面の決着が図られました。ただ貞成が懸念していたように、田向経良が畠山家へ向かったところ、既に三木善理から畠山へ通報がなされていました。畠山は善理の言い分を鵜呑みにしており、後小松上皇御所のお引っ越しが終わったら、決着を付けようと怒っていたようです。
この後も畠山の怒りは収まりませんが、九月に三木善理が御香宮神主職に復職することで、いちおうの決着を迎えます（九月一日・四日条）。さらになおも主犯・三木三郎の捜索は続きましたが、とうとう行方不明のままで、この事件は終息します。

（4）浄金剛院の僧が妻敵《めがたき》に殺される

自分の妻を寝取った男のことを妻敵といいます。またそれとは反対に、妻を奪われた男の方も妻敵と呼ばれていたようです。その男同士の殺人事件がおこりました。

応永二十五年（一四一八）四月六日条

聞くところによると、浄金剛院の僧である頓語が法事讃を終えて出ていこうとしたところ、寺の中で殺されてしまったという。頓語は行いがふしだらで、妻敵すなわち頓語に妻を奪われた男によって殺されたそうだ。不都合で、よろしくない出来事である。

貞成の異母弟・椎野が寺主を勤める念仏宗の浄金剛院。その寺の僧である頓悟が法会を終えて本堂から出ていこうとしたら、お寺の敷地内で妻敵の男に殺害されました。頓悟は行いがふしだらだったそうです。このことを貞成は「不都合で、よろしくない出来事」と批評しています。お寺としても恥ずかしい出来事だからでしょうか、頓悟を殺した犯人を処罰するような動きはなかったようです。

(5) 大津馬借《ばしゃく》の騒動

馬借とは、北陸の越前国や東海道の諸宿から京都市内へ馬に荷物を乗せて運ぶ運送業者です。馬借たちは延暦寺の支配下にありますが、ある延暦寺僧が馬借たちには不利益となる米売買ルートを開こうとしたため、祇園社に立て籠もって抗議しました。

応永二十五年（一四一八）六月二十五日条

さて今日の明け方から京都の祇園社に大津の馬借数千人が立て籠もり、神輿を飾って延暦寺僧の円明坊兼承のところへ押し寄せようとしているらしい。祇園社の修行坊などの坊々へ、悪党たちが乱入しているという。さらに祇園社周辺の家々を没収するように壊しまくって、篝火として焼いている。もし大津の馬借たちの訴えが通らなければ、祇園社に放火すると喚《わめ》いているらしい。

彼らを追い払うため、幕府の侍所から大軍が悪党のところへ向かっていった。しかし合戦にはならず、賀茂川の河原で両者にらみ合いになっているらしい。京都市内には、この騒動を見物しようと大勢が雲霞《うんか》のごとく集まっているようだ。将軍が馬借たちに命令書を出したことにより、騒ぎは収まったという。事の起こりは、米売買ルートの開通をめぐる争いにあるらしい。この件で円明坊が根拠のない決定を下したことが原因のようだ。

近江国大津の馬借数千人が洛中の祇園社に立て籠もりました。そして神輿を担いで、延暦寺僧の円明坊兼承や祇園社の修行坊などへ繰り返し乱入します。その馬借軍と幕府侍所の大軍とが賀茂川の河原でにらみ合いとなり、大勢の見物人が雲霞のように集まってきました。問題となっているのは馬借たちが洛中に運び入れる米の新売買ルートの開通にあるようです。この新ルート開通を強行した円明坊の施策を否定した室町殿足利義持の命令書が出されて、この騒動は収まりました。

(6) 中国・南蛮・朝鮮が日本に攻めてくるというウワサ

応永二十六年（一四一九）、中国・南蛮・朝鮮が日本に攻めてくるというウワサが流れました

①高麗の宣戦布告

同年五月二十三日条

さていま聞いたところによると、大唐国や南蛮、高麗などが日本に攻め寄せて来るそうだ。高麗から宣戦布告があったらしい。室町殿はびっくりなさったそうだ。

でも日本は神国だから、たいした事はないだろう。

唐・南蛮・高麗が攻めてくるとの噂が流れます。貞成は、「日本は神国だから大丈夫」と思っているようですが。

②中国が攻めてくる

同年六月二十五日条

さて中国人が攻めてくると噂になっているそうだ。出雲大社では本殿が震動して血が流れ出したという。また西宮の荒戎宮も震動したそうだ。軍兵数十騎が広田神社から出陣して東の方に向かったという。その軍兵のなかに女性の騎馬武者が一人いて、その者が大将のようだった。その様子を広田神社の神人が目撃しており、その後、その神人は発狂したという。

広田神社から朝廷に報告があったので、白川資忠神祇伯二位が広田神社に向かい、事の実否を調べたそうだ。これらが異国の軍勢が攻めてくる兆しであることはもちろんのことだろう。

また二十四日の夜には、石清水八幡宮の鳥居が風に吹かれて倒れてしまった。それは同宮若宮御前の鳥居だそうだ。そのために細橋《ささやきばし》が粉々に砕けてしまったそうだ。それはちょうど、室町殿が石清水八幡宮にお籠もりになっている時だった。それで、たいへん驚かれたそうである。そのために室町殿は、諸門跡や諸寺院に祈祷するようお命じになったという。

中国が攻めてくる徒のウワサに呼応して、出雲大社・西宮荒戎宮・広田神社・石清水八幡宮で、震動などの怪異が起こります。広田神社から出馬した大将の女性騎馬武者とは、天照大神でしょうか。

③中国人との海戦という噂

同年六月二十九日条

北野天神の御霊が西方を指して飛んでいったそうだ。御殿の扉は開いたままだったという。諸々の神社で起きている怪異には驚き入るばかりだ。

襲来する中国人先陣の軍船一〜二艘とすでに合戦となっているらしい。大内の若い従者二人が大将となって海上で応戦し、中国の軍船を退治したそうだ。それ以前にも、神様の軍勢がおめでたい前兆を示しているとの報告があったという。

【頭書】中国人との合戦は本当の話なのかどうか、分からないらしい。最近の噂話には誤りが多い。

北野天神の御霊も西方を目指して参戦したというウワサです。さすがの貞成も、このところのウワサは誤りではないかと疑りはじめます。

④中国人の薩摩国侵攻

同年七月二十日条

さて聞くところによると、中国人たちが日本を攻めていて、既に薩摩国に侵攻しているそうだ。薩摩国の武士たちが応戦して、中国人若干名が殺害されたという。一方、薩摩国の武士のなかにも殺された者がいるとのことだ。中国人のなかには、鬼のような姿形の者がおり、人の力だけで攻めるのは難しいという。

また他国の賊兵が乗った八万隻の船が海上に浮いていると豊後国守護である大内盛見にまず連絡が入ったそうだ。九州探題から幕府への連絡はまだ入っていないという。

一方、兵庫にも中国の船が一隻着岸したそうだ。ただしこれは、軍船ではなく、使者の船だという。

今度のウワサでは中国人が攻め込んだのは薩摩国だと、具体的な地名があがっています。兵庫に中国人使者の船が着岸したとも騒がれています。

⑤中国人の旗印「梵沐桐重」

同年七月二十四日条

聞くところによると、兵庫に来た中国人を京都には入らせなかったそうだ。国書の他に、四つの文字が書かれた札を献上してきた。その文字とは「梵沐桐重」で、これを解読した者はいないそうだ。僧侶や俗人のうちで才能のある人でも読解できなかったとは、理解しがたいことであろう。

一方、薩摩国に侵攻している外国の軍勢は、モンゴル人だそうだ。

中国人使者の旗印は「梵沐桐重」ですが、日本人は誰も解読できません。また薩摩国へ侵攻したのはモンゴル人だという説も出てきました。

⑥中国の海軍が敗退する

同年八月十一日条

さて去る六月二十六日に中国人の軍勢が攻めてきて、対馬で少弐・大友・菊池らと合戦になったという。それで負けた異賊のうち何人かが打ち殺され、また敵の大将軍二人が捕虜になったらしい。大風が吹き、そのため中国の軍船の多くが破壊されて海に沈んだようだ。中国の軍船はおよそ二万五千隻で、捕虜となった大将は兵庫に連行された。このような内容の現地報告が今月六日、京都に届いたそうだ。国家的な大慶事であり、室町殿もお喜びだ。公家も武家も室町御所へ参賀に訪れて、大騒ぎになっているらしい。上皇御所へも同じように参賀の人々が押しかけたという。昨日は、門跡寺院の高僧や摂関家や大臣らもほとんど、お祝いにかけつけたそうだ。末の世だとはいいながら、すばらしい神様の思し召しであり、不思議なことである。

二万五千隻という中国の大海軍を、日本が打ち破ったそうです。公武政権がともに大喜びだと言いますが、本当の事なのでしょうか。

⑦九州探題の報告書

同年八月十三日条

さて、異国の軍勢が攻めてきたことに関して、去る六日に九州探題から報告書が出された。思いがけず、その報告書を見ることができたので、ここに記録しておく。

謹んで申し上げます。

さて六月二十日にモンゴル人と高麗人が連合して、その軍船五百隻あまりが対馬島に攻め寄せてきました。その軍勢が対馬島を征服しようとしたので、我ら大宰少弐の軍勢だけで迅速に対応しました。各港湾の停泊地で日夜合戦をしたところ、敵・味方ともに戦死する者が数え切れないほどでした。

それで耐えきれなくなったので、九州各地の軍勢に加勢を要請しました。同月二十六日には各軍勢が優勢に合戦した結果、異国の軍兵三千七百人余りを討ち取り、斬り捨てました。それ以外に負傷した敵兵の数は分からないほど多いようです。

敵の船で海上に浮かんでいるものは総じて千三百隻余りでした。海賊に命じて夜も昼も問わず攻めさせた結果、彼方此方の合戦で討たれたり、あるいは船から投げ出されて海に沈んだ敵兵の数はとても多かったです。

そのように合戦している最中に、まことに不思議な神仏の霊験が何度もみられました。雨風が吹いて敵の船が震動したりしました。また敵の船に雷がとどろき、あられが降ったりもしました。大変な寒さに手が凍えて武器を持つこともできず、その寒さに凍死する敵兵の数は分からないほど多いようです。

なかでもとりわけ不思議だったのは、味方が苦戦している時に、錦の御旗三流れをひらめかせた大船が四隻、どこからともなく現れました。そのなかで大将と思われる者は女性でした。その女大将の力はとてつもないもので、モンゴル軍の船に乗り移って、敵兵三百人余りを手玉にとって海に投げ入れてしまいました。

敵の大将やその弟など主な戦犯二十八人のうち若干名はその場で処刑しました。残る首謀者七人は当方の判断により京都へ連行します。

二十七日の真夜中過ぎ頃に異国の残兵どもは皆々、退却しはじめました。モンゴル軍の総大将は討死したとの噂ですが、本当かどうかは分かりません。七月二日にはまだ残っていた敵船もすべて退却していきました。

このように瞬く間に当方が勝利したのは、すべて神様の威力によるものです。これで将軍のご運も開け、とてもめでたく、またありがたく存ずる次第です。さらに詳しいことは省略しまして、以上のようにご報告申し上げます。

七月十五日　　九州探題　持範[※]　花押

末の世の中とはいえ、神様の威力により我が国が守られているのは全く明らかな事実である。この九州探題の報告書は本物であろう。

※「持範」…未詳。当時の九州探題は渋川義俊である。

九州探題からの報告書をみた貞成が、それを写し取っています。ただ探題の氏名は正しくありません。恐らく偽書でしょう。このニセの報告書がでて、一連の異国による攻撃のウワサは終息します。当時の人々も本当の事かと疑ったと思いますが、蒙古襲来以降、このような恐怖心は潜在的にあったのかもしれません。

（7）公家従者の青侍と将軍近習の喧嘩

公家の侍と将軍近習の侍とが喧嘩をしました。その顚末やいかに。

応永二十六年（一四一九）六月二十三日条

たった今聞いたところによると、この二十日に三条公光《きみみつ》大納言に仕える侍が一条大路と室町小路の交差点で喧嘩をしたという。侍二人が討死し、それ以外に怪我をした者がでたそうだ。事の発端は、次の通りである。将軍のお側近くにお仕えする関口は、髻《もとどり》を束ねる紐《ひも》を売る商売もしていた。そこで三条家の侍である掃部助《かもんのすけ》がその紐を注文した。ところが商品の紐がいくら待っても届かないので、掃部助が下女を関口のところにつかわし、責め立てて悪口を言わせたそうだ。それに対して、関口はその下女を殴ったり蹴飛ばしたりして、さらには下女の髪の毛も切り取ってしまったらしい。

下女は帰って掃部助に泣きついたので、掃部助たちは加勢を求めに三条家へ走っていった。その途中で、紐屋の主である関口とその若い従者たちと出くわした。関口たちが問答無用で矢を射かけてきたので、掃部助は太刀を斬りめぐらして、関口の従者ら三人を切り殺した。その上で、関口本人と差し違えて、互いに死んでしまったという。

そこへ三条家から掃部助の同僚たちが駆けつけ、また関口方にも大勢が加勢に来て、合戦となった。両方に死者や負傷者が大勢出た。さらに関口の手勢は三条家へ攻め寄せようとした。

ところが三条家に吉良《きら》家が加勢して大勢が集まり守りを固めていたので、結局、関口方は攻めかからなかったそうだ。

室町殿足利義持殿はこの事件のことをお聞きになり、関口を厳しくお咎《とが》めになり、逆に公家の三条家をお褒めになったそうだ。公家に仕える侍として名誉なことだと、大勢の人が褒め称えたという。

足利義持近習の関口は、副業として髻を束ねる紐を売っていた。武家近習が副業で商売をしているというのは、とても興味深いことです。武士の副業といえば江戸時代の浪人が傘張り仕事をするなどのイメージがありますが、室町時代の歴とした近習が副業をもつとは意外な気がします。ただし考えてみれば、中世後期の経済中心地である京都に住む武士が副業をしないなどと考える方が無理なのかもしれません。今後、室町時代・京武者のイメージを再考してみる必要があるでしょう。

その近習の関口は、客である三条家侍・掃部助の下女の悪口に怒って、その下女に乱暴を働きます。このような乱暴な対応をするところが、武士の商売人らしい気の短さでしょうか。それに対して、掃部助は太刀を振り回して関口の従者三人を斬り倒し、関口と差し違えて死んでしまいます。そこへ三条家の同僚が駆け付け、関口方にも加勢が来て、大勢で合戦となります。さらに勢いづいた関口方は三条家へ攻め込もうとしますが、三条家には武家の吉良家が加勢して守りを固めていたので、関口方はそれ以上、三条家を攻められなくなりました。

この件を聞いた足利義持は、近習の関口を厳しく叱責し、逆に公家の三条家を褒め讃えます。公家に仕えていても侍は侍ということでしょうか。関口は名誉の公家侍となりました。

(8) 土倉盗人

京都の高利貸しである土倉に、強盗が押し入り蔵のなかに立て籠もってしまいました。それにたいして、京都の治安を預かる室町幕府侍所の軍勢が盗人を逮捕しようと駆け付けます。

応永二十七年(一四二〇)十一月十二日条

聞くところによると今朝、四条大路と富小路の交差点付近にある土倉に、入道《にゅうどう》姿の盗人一人が押し入ったそうだ。この土倉は、伏見荘の土倉宝泉の親類らしい。この盗人は土倉内に走り入り、内側から戸を閉めて立て籠もったという。そして、盗人は土倉内から「私は貧乏のあまり、土倉に入った。土倉の主人と対面して言いたいことがある」と言ってきた。主人は恐怖のあまり、対面できなかった。別人を通して問答したところ、所詮《しょせん》は財宝が欲しいということだった。それで「ともかく出てきなさい。そうしたら銭の百貫文や二百貫文ぐらいは与えよう」と何度も説得した。

また盗人は「土倉を出たとしても、よもや無事では居られまい。いっそのこと、放火して焼け死にたい」と言ってきた。それですぐに火打ち石を取り出して、土倉内の小袖や帷子《かたびら》などに火を付けた。

そのうちに大騒動となって、侍所の役人が飛んできた。侍所長官代理の三方範忠山城入道の手の者たちが土倉の戸を打ち破り、三人が中に入ろうとした。ところが盗人は太刀と刀を入口に交差させて植え込んでおり、容易には入れない。

そこでまず三方の若い従者でしぶきという者が、一人で交差した太刀・刀を飛び越えて土倉中に入ったところ、額と前髪※を斬られてしまった。それでもしぶきが盗人と組み合っていたので、他の者たちも続いて中に入ったが、また盗人に斬られてしまった。それで長官代理の従者たち三人が怪我をした。しかし遂に盗人を討ち取ったそうだ。

火を付けた小袖など三百点あまりが焼け焦げた。騒動の最中であり、しかたのないことだったという。この土倉業者は土倉を二つ管理していたそうだ。

※「額と前髪」…底本では「毅髪」とある。

困窮した元武士でしょうか。入道というのは、六十歳を目途に隠居して頭髪を剃り落としてお坊さんの姿となり、自宅で仏道修行をする人のことをいいます。それなのにこの人は、財宝が欲しいと土倉へ立て籠もりました。さらには自暴自棄になり、土倉内に保管されている衣服に火を付け、自分も焼け死ぬと言い出します。

そこへ侍所の役人たちが駆け付けますが、土倉の入口には太刀と刀が交差した形で植え込まれており容易に入れません。侍所所司代のいぶきという若い従者が飛び越え、盗人に斬り付けられながらも、取っ組み合いになりました。それで他の従者たちも入り込み、なんとか盗人を討ち取ります。中世らしい荒々しい逮捕劇。というか、もはや合戦と言ってもいいくらいでしょう。

その四日後、日記には続報が記されています。

同年十一月十六日条

聞くところによると、三方の若い従者であるしぶきは重傷だったので、死んでしまったそうだ。

盗人に額を斬られたしぶきは結局、亡くなってしまったそうです。貞成は何も感想を書いていませんが、このような事件で若武者が無残に死んでいったことを悼《いた》んでいたのだと思います。なんともやりきれない事件でした。

(9)学問僧の犯罪

仏教を学び教える学問僧が、寄付金を我が物にしようと殺人事件まで起こしてしまいます。果たして、その真相や、いかに。

応永二十八年（一四二一）二月十七日条

さて聞いたところによると、学問僧の竜山《りゅうぜん》和尚が京都三条大路と堀河小路の交差点付近にある千手堂に寄宿して、法華経を説法なさったそうだ。その千手堂に盗人が押し入り、堂主の老僧を刺し殺し、お堂に放火して炎上させたそうだ。

その訳は、大般若経《だいはんにゃきょう》を新しく書写するため集めた寄附金三十貫文を御堂の床下の土中に埋めていたことにある。盗人はそれを知り、奪い取ろうとして、堂主を殺して放火したらしい。

これは、実は学問僧の竜山の仕業であることが明らかとなった。それですぐに竜山は逮捕された。尋問したところ、自白なさったそうだ。弟子の僧たちも同じく逮捕され、牢獄に収監されたそうだ。重罪であるので、死刑に処されるらしい。

この学問僧は去年の冬、伏見荘の新堂に数日間逗留し、法華経を説法なさった。近所なので、宮家の男女が説法を聴きに行った。すばらしい説法だったと聞き、私もお忍びで聴きに行った。

ところがこのような悪評を聞いた。末法の世とはいえ、僧がこのように重罪を犯し戒律を破るとは、未曾有《みぞう》のことである。

折しもお彼岸の中日です。昨年末、伏見荘の新堂ですばらしい法華経の説法をした竜山和尚とその弟子僧たちが、殺人・放火・窃盗の罪で逮捕されました。貞成自身もお忍びで説法を聴いていただけに、末法の世とはいえ、僧が戒律を破り重罪を犯したことにショックを受けています。
ところが、これには微かに明るい続報がありました。

同年二月十八日条

聞くところによると、学問僧の竜山は獄舎に監禁されていた。しかし無実であるとの申し開きをして、牢屋から出され、京都を追放されたそうだ。犯行は竜山の弟子たちの仕業らしい。

実際には竜山の弟子僧たちの犯行だということで、竜山は無罪でした。とはいえ、弟子僧への監督責任もありますので、竜山は京都から追放されます。貞成も特段、感想を記していません。やはりこの学問僧には失望したのでしょうね。

⑽二つの水攻め

水攻めというと豊臣秀吉の籠城攻めとして有名ですが、それ以前に違うタイプの水攻めがあったようなのですが…

応永三十一年（一四二四）七月十三日条

石清水八幡宮の件であるが、管領の説得に応じて、神人たちは降参した。この間の食物や水の供給を遮断する食攻め・水攻めに神人たちは疲れ果て、降参したそうだ。

石清水八幡宮の神人が社務（同宮のトップ）の解任などを求めて強訴し、同宮に立て籠もりました。それに対して室町幕府将軍は、管領畠山満家以下の軍勢を現地に派遣します。そして管領がいろいろと謀《はかりごと》をめぐらしたことにより、とうとう神人たちは降参しました。幕府軍の軍勢が同宮を包囲している間、幕府軍の「食責め・水責め」に疲れて、神人たちは降参したようです。

ここで出てくる幕府軍の攻略戦法、「食責め」はいわゆる「兵粮責め」でしょう。飲食物の補給路を断つ作戦です。

問題は、「水責め」です。「水責め」というと、私たちはすぐ豊臣秀吉による備中国高松城の水攻めを思い出します。これは大規模な堰堤工事により、城とその周囲を水没させる攻撃です。ところが、石清水八幡宮は男山という山の上にあります。これを水没させるというのはまず無理ですし、そういう作戦そのものが意味をもちません。したがって、『看聞日記』にみえる石清水八幡宮への「水責め」は、敵の水源を奪取して水を籠城者に与えない作戦だと解釈した方がいいと思います。これも、やはり広義の兵粮攻めということになりましょう。

秀吉の高松城水攻めが史上あまりにも有名になりすぎたために、現代人としては「水攻めとは水没作戦だ」というイメージが強くなってしまったのでしょう。
水攻めとは本来、兵粮攻めの一種だったのです。

(11) 洛中洛外で子取りが横行する

子取りという犯罪がありました。要は子供の誘拐なのですが、その目的が凄惨《せいさん》極まるものでした。

応永三十二年（一四二五）三月二十日条

聞くところによると、京都市内外で子供を誘拐する者が横行しているそうだ。最近はさらにひどくなって、いろいろとはかりごとをして子供を誘拐していくらしい。病の者が三人いる。飯尾為行加賀守、もう一人はこうさい、もう一人は女性だそうだ。本当の事かどうかはわからない。

同年三月二十二日条

今日、下京の方で子供二人が誘拐された。その内、一人は取り返されたそうだ。

当時、生きた子供の内臓が病気に効くという俗信があったようです。子供が誘拐されるのは、これら病人の治療のためだと考えられていました。飯尾為行加賀守・こうさい・女性の三人が、「病の者」として数え上げられています。すなわち、この三人が洛中洛外で自分の治療のために子供の誘拐を謀っている張本人ではないかと疑いがかけられているわけです。

⑫米商人の犯罪と飢渇《きかつ》祭

米商人たちが、米の値段を高めるために悪知恵を働かせます。

永享三年（一四三一）七月十日条

ところで、先月以来、京都市内や地方で飢饉のために餓死する人がでている。これは米商人の仕業だということが明らかになったので、この五日に主犯の米商人六人を侍所が逮捕して、取り調べた。湯起請を書かせたら、皆、偽りを述べている徴証があらわれた。それでさらに尋問したら、自供したそうだ。諸国の米を運送する通路を塞《ふさ》いだという。これは、自分たちが所持している米を高値で売るためだった。

京都市内で餓死者が続発しているのは、米商人の仕業でした。自分たちが所持している米を高値で売るために、米商人たちは諸国の米を運送する通路を塞いだそうです。そのため、室町幕府の侍所が米商人たちを逮捕しました。

同年七月十日条（続き）

また飢渇祭を三回も行ったという。仲間の米商人も皆、逮捕された。主犯の六人は禁固されたうえに、斬罪になったそうだ。

侍所の所司代は面目を失って、辞職したという。京都市内の飢饉はひどい有様だ。

将軍が法をお定めになった。そして米をさらに売り出すことをお触れになったそうだ。

そして米商人たちは、飢渇祭を三回も行ったそうです。これは表向きとして、飢饉を収める祭りを米商人たちが三回も行ってみせたということでしょう。逮捕された主犯の米商人六人は斬罪《ざんざい》（首切りの刑）に処されました。それでも捜査が後手に回ったため、京都市内の飢饉が拡がる結果になりました。その責任をとって、侍所の次官である所司代は辞職しました。そして将軍足利義教は、飢饉を鎮めるため、米を更に売り出すようお触れをだしたそうです。

同年七月十九日条

逮捕された主犯の米商人六人のうち、元乞食の門次郎・唐紙師《からかみし》ら三人は今日、首を刎《は》ねられたそうだ。京都の米相場は元の状態に戻ったそうだ。めでたいことである。

【頭書】その後に聞いたところでは、主犯の米商人三人に対する処刑はまだ行われていないそうだ。いつものながらウソの流言である。

米商人主犯六人のうち、三人はもと乞食の門次郎や唐紙師だったようです。彼らが首を刎ねられたという噂が流れましたが、実際にはまだ行われていなかったようです。ともあれ京都の米相場が通常の状態に戻ったのは、一安心のことでした。

⒀ 笠符は、絵なのか字なのか

伏見宮貞成が依頼されて笠符《かさじるし》を書いています。笠符は笠印とも書き、兜《かぶと》や鎧《よろい》に付ける目印のことです。

永享五年（一四三三）閏七月十一日条

伏見荘に住む山下という者は、室町殿の側近くに仕える武士である。その鎧に付ける笠符※を書いてほしいと、承泉を通して願い出てきた。それはできないと断ったが、承泉が頻りに願い出てくるので、書くことにした。伊勢や八幡など諸神の使い※※とされる動物の名を練貫《ねりぬき》の布きれに笠印を三つ書いてやった。承泉はとても恐縮していた。後で聞いたところによると、山下の鎧は将軍から与えられたものだそうだ。

※笠符…合戦の際に敵・味方を識別するため、兜後方の金輪や前立て、袖などに付けた目印のこと。
底本では「鎧笠符銘」とある。

※※「諸神の使い」…底本では「諸神の遣」とある。伊勢神宮の使いは鶏、八幡宮の使いは鳩である。笠印に貞成が書いたのは、これら動物の名称であろう。

笠符は合戦の際に敵味方を見分ける重要な印です。ただ底本では、絵を書いたのか字を書いたのかが判然としません。底本には「銘」とあるので、現代語訳では貞成は絵ではなく字を書いたとみなしましたが、いかがでしょうか。

(14) ある僧侶の殺人事件とその処罰

これはある僧侶が犯した殺人事件の話です。若干、血なまぐさい事件の記事なので、気になる方は読み飛ばして下さい。

永享七年（一四三五）三月二十四日条裏書《うらがき》

二十四日の明け方、永松庵の僧である超俊が逃亡した。その事情を尋ねたところ、超俊は舟津の下女と密会して、妊娠させたらしい。下女は妊娠九ヶ月だという。超俊は、その女を永松庵門前の麦畠の中で殺したそうだ。

麦畠に血が流れているので、尋ね求めたところ、ある人が告白して言うことには「女を薦《こも》（むしろ）に包んで、淀川に流し捨てたらしい」という。人を派遣して調べさせたところ、遺体は山崎まで流れていったそうだ。その遺体を川から引き上げてみたところ、女には数箇所にも及ぶ刀による切り傷があり、そのために死んだらしい。そして、その遺体を薦に包んで流し捨てたものと判明した。そのため、これが超俊の仕業であることが明らかになった。

永松庵も舟津も、伏見荘内の寺庵であり漁村です。そしてここまでは、現代でも良くありそうな密通による妊娠が原因の殺人事件です。また中世では僧侶が俗人女性と性的な関係をもつことは表向き禁じられていますが、これもまた珍しいことではありません。

ただ興味深いのは、この後の事件処理の仕方です。以下は、この記事の続きです。

超俊自身は行方をくらまして逃亡しているので、永松庵主である玄超に罪科をかけることとなった。玄超は光台寺の前住職であり、最近、光台寺を引退して永松庵の庵主となっていた。「どのように処罰いたしましょうか」と、伏見荘の役人である小川浄喜や三木善理らが宮家に尋ねて来た。この犯人の僧は、庵主の甥である。庵主と僧、伯父と甥という二重の縁がある以上、庵主の罪科は逃れがたい。それで、「伏見荘で勝手に処罰してはいけない。よろしく幕府の判断に従いなさい」と命じておいた。それにしても希に見る不思議な犯行である。口にするのも汚《けが》らわしい事だ。

犯人は超俊ですが、本人が行方不明なので、永松庵主である玄超が処罰されることになりました。玄超は超俊を監督すべき庵主であり、また超俊の伯父（叔父？）でもありました。庵主と僧、伯父と甥という二重の縁がある以上、貞成も「ことさら罪科遁《のが》れがたし」と判断しています。

このような処罰の仕方を、縁坐《えんざ》といいます。縁坐とは、犯人と一定の縁戚関係にある者が犯人とともに処罰されることです。ここでは、超俊の代わりに庵主を処罰するように記されていますが、そのために超俊の罪科が免れるわけではありません。今後、超俊が表に出てくることがあれば、もちろん本人も処罰されます。中世の処罰は厳しいということですね。

ところが、この僧侶殺人事件については、さらに続報がありました。

同年三月二十七日条

ところで、永松庵庵主の処罰について将軍へ告発しようとしたところ、法安寺住職が「告発はおやめ下さい」と取り成してきた。また天皇陛下の御乳人も、そのように願い出てきた。それで、将軍に申し上げることは、とりあえず控えることにした。

ただし処罰をしなければ、今後の悪《あ》しき先例となり、よろしくない。そこでまずは、庵主は逃亡したものとして、引退させることにした。「永松庵は法安寺がお預かりします」というので、没収したものではあるが、ひとまず法安寺に預けた。

伏見宮貞成は侍所ではなく、足利義教に直接告発しようと考えていたようです。しかし法安寺の住職や息子である後花園天皇の御乳人（侍臣庭田重有の妻）らの反対にあって、告発するのを止めます。

貞成は庵主の厳罰を望んでいたようです。足利義持と同様、いや足利義教はさらに高圧的で、僧侶も俗人も関係なく厳しい処分をします。そのことを含んだ上で、貞成は庵主を義教に告発するつもりだったのです。

しかし、そのような措置を周囲の者たちは望んでいませんでした。それで結果的には、穏便な処分となります。告発する代わりに、庵主自身は表向き逃亡したということにして事実上、追放しました。また永松庵は領地とともに本来は伏見宮家が没収するはずでしたが、ひとまず法安寺に預け置くことになりました。

日記には記されていませんが、追放された庵主自身に対しても、背後では法安寺住職のなんらかの手当てがあってのことでしょう。

そしてこの殺人事件にも最終的な決着がつきます。

同年四月五日条

ところで、永松庵主玄超の処罰の件であるが、法安寺の住職が後花園天皇の御乳人を通して、取り成しをなさっている。そして夏の修行期間が始まる四月十六日までに、玄超を永松庵へ戻したいと訴えている。さらに御乳人は妻の南御方を通してもこの事を訴えてくるので、しかたなく永松庵への復帰を許すことにした。

そのお礼として、銭三十貫文の贈答目録を玄超が進上してきた。それに加え玄超は、南御方に銭十貫文、御乳人も同じく銭十貫文、庭田参議にも同じく銭十貫文、重賢にも同じく三貫文、伏見荘の役人たちにも重賢と同額の贈答目録を、それぞれに進上したそうだ。今回の処罰に対して玄超は既に百貫文近く支出していることになる。気の毒なことである。しかし重罪に対する処罰から逃れることはできないので、仕方ないことである。

大光明寺の前住職とはいえ、引退して寺庵に住んでいる玄超が、百貫文という多額の銭（現在価格に換算すると約二千四百万円）を持っているとは驚きです。中世の臨済宗寺院、中級レベル寺院の前住職となれば、そこそこのお金持ちなのですね。

なお文中にでてくる銭の「贈答目録」ですが、底本では「折紙」と記載されています。この場合の「折紙」、正しくは「折紙銭」といいます。これは、銭を進上する際の約束手形です。後日、折紙銭を発給者のところへもっていくと、銭に取り替えてくれます。また折紙銭を受け取った者が、これを紙幣のように用いることもできました。

(15) 伏見荘即成院不動尊の盗難事件

伏見荘即成院の仏像であるお不動様が、何者に盗まれてしまいました。その詳しい顚末をみていきましょう。

①事件の発端

永享八年(一四三六)十一月二日条

即成院主が来た。「昨日、不動堂へ行き、御板張りの戸を少し開いてみましたら、何となく様子がおかしかったので、扉を開いて中を拝見したところ、ご本尊が無くなっていました。蓮《れん》華《げ》座に御片足だけ残されていました。盗人の仕業であることは間違いありません。それに何日に盗まれたのかも分かりません。とても驚いています」と言っていた。言葉にできないほど、ひどい話だ。

このご本尊は昔から伏見三御堂の本尊で、弘法大師の御作である。とても驚いた。急ぎ捜索させよう。蓮華座に御足が残っているというのも、不思議な話だ。慌《あわ》てて盗んだので、盗り残したのかもしれない。これは、村人の所行であろうか。厳しく糺明させよう。

【頭書】この不動尊が弘法大師の御作だという、はっきりとした証拠はないそうだ。誰の制作によるものだろうか、不審である。

その後、貞成は即成院主梵祐と家司の生島清賢の二人を洛中各地の仏師のところへ行かせて、不審な仏像を売りに来たら連絡するようにと命じています。

②仏像の発見

同年十一月八日条

三木善理が急ぎやって来て、「不動尊が出てきました」と言ってきた。

また即成院からも書状で同じように報告してきた。その書状によると、「昨夜、横大路で火事がありました。村人の誰かが火元へ走り行き、焼け跡に登り立って、溝田《みぞた》のなかに不動尊を捨て置いたらしいのです。それを村人たちが木切れだと勘違いして、足で溝の中に踏み込んだようです。状況が分からないので、今朝未明に現場へ行ってみたところ、溝田の中に不動尊がありました。御手は折れ、御身体なども損傷していました」とのことだった。不思議なことである。

また「盗犯の村人を厳しく糺明するというご命令があったので、不動尊を捨て置いたのでしょう」とも、書状に書かれていた。それにしても、なんとか不動尊が出てきて、まずはめでたいことである。村人たちをさらに厳しく詮議しなさいと命じた。

その後、貞成は父親の法要で伏見に行った際、この不動尊をみて素晴らしい仏像だと感激しています。

③犯人を逮捕する

同年十一月二十三日・二十四日条

小川浄喜が来て言うことには、「不動尊の盗人が明らかになりました。今日、御香宮で村の僧や俗人たちが全員集まります。『署判は書かないが、盗人の嫌疑がある者は誰かを示した湯起請を陰陽師に書かせる』と村人たちに通達していました。

そうしたら、昨日の夕方、光台寺の住僧である性恵が政所に来て、『あの不動尊についてお知らせします。八幡横坊の宮内卿という僧が千日護摩をお勤めするのに本尊がないので、あの不動尊を欲しがっていました。『山の中のお寺でむなしく鎮座なさっているので、秘かに奪い取ろうよ』と、熱心に私を誘ってきました。それで、先月二十七日に宮内卿と一緒に即成院へ行き、不動尊を盗み出しました』と自白してきました。『しかし千日護摩が終わった後、不動尊は元通りお返ししました。不動尊が捨て置かれたことは、全く知りませんでした』とも性恵は言っていました」ということだった。

言葉にできないほど、ひどい話だ。なんとかして、その僧を逮捕しておくよう、命じた。それで小川浄喜は急いで出て行った。

同年十一月二十四日条

浄喜が言うことには「あの僧を逮捕しました。その僧は全く驚くこともなく、性恵が言った通りに自白しました」という。呆れた話である。

二十三日条の「『署判は書かないが、盗人の嫌疑がある者は誰かを示した湯起請を陰陽師に書かせる』と村人たちに通達していました」という湯起請の箇所ですが、底本では「無名判をもって、陰陽師（に）、嫌疑人（を）、湯起請（に）書くべきの由、相触れる」とあります。「無名判」を「署判は書かないが」すなわち現代でいうところの「無記名投票」の意に解しました。

④処罰

同年十一月二十六日条

光台寺の住職・桂林・良暹の三人が来た。不動尊を盗んだ僧のことについて、「かの僧の身柄を光台寺でお預かりし、御罪科を承《うけたまわ》らせます」と丁寧に申し出てきた。また「身柄の受取状も進上します」というので、すぐに誓約文を書かせ、三人ともに署名させた。それで光台寺に盗犯僧の身柄を預け置くことになった。処罰の内容については、追って命令すると厳しく伝えておいた。

永享九年（一四三七）二月七日条

ところで昨年の不動尊盗犯の僧の処罰について、今まで命令していなかったので、厳しく判決を下すことにした。この僧を光台寺から追い出し、伏見荘からも追放した。

中世社会で盗犯は即、死刑です。ところが今回の盗犯事件の犯人は、伏見荘八幡横坊の宮内卿という僧でした。それに加えて貞成は日頃から僧侶にたいしては、敬語を使うなど厚遇する傾向があります。この宮内卿が最終的に追放刑に処されたのは、僧侶であることが考慮されたのでしょう。

六 動物

動物は怪異の項目でも出てきますが、ここでは怪異とは縁遠い動物たちのお話をまとめました。

(1) ペットの白い羊

まずは中世社会では珍しい動物である羊のお話からです。

応永二十三年(一四一六)五月二十二日条

さて称光天皇陛下が世尊寺行豊に白羊一匹をお預けになった。その羊を行豊は田向三位に預けた。田向三位は羊を引いて帰り、伏見宮家で御所様へ見せた。私も初めて羊を見た。面白かった。

称光天皇が白い羊一匹を世尊寺行豊朝臣に預けました。世尊寺はそれをまた田向経良に預けたのです。田向はそれを京から伏見に引いて帰り、栄仁親王に見せました。貞成も初めて羊を見て、面白がっています。田向が羊を引いて京の町を歩いている時も、さぞや見物人でごった返したことでしょう。

(2) 空から降り下る蛇と竜

今度は、空から降ってきた蛇と竜です。

応永二十三年(一四一六)七月八日条

朝に大雨が降った。後で聞いたところによると、大雨のさなか、相国寺の鎮守八幡宮社前あたりに、天から小さな蛇が一匹降ってきたそうだ(底本「降下」)。子供がそれを打ち殺してしまった。

近江国にもこの日、竜が舞い降りてきたそうだ(底本「降下」)。希にみる不思議なことだ。

この話は空から降ってきた蛇や竜という点で、怪異とみなすべきことかもしれません。しかし貞成は、これを怪異とみなしていません。それはたぶん竜そのものを実在する動物と考えていたことによるのではないかと思います。そのため、その竜が空から舞い降りてきたのは確かに不思議なことではあるが、怪異とは思わなかったのではないでしょうか。

また小さな蛇を、貞成は「竜の子供」とみなしていたのかもしれません。そして、この小蛇には竜のようなたくましさはなく、地上で人間の子供に打ち殺されてしまったのです。

(3) 上棟式のお祝いにカマキリ?

上棟式とは、建物の屋根頂部に棟木があがったことを祝う式のことです。日記本文にはカマキリ(蟷螂)とありますが、どうも昆虫の話ではなさそうです。

応永二十三年(一四一六)十一月十三日条

さて田向三位屋敷の建設で、今日が立柱上棟式だという。お祝いに蟷螂一匹の代わりとして銭を与えた。恐れ入りますとの返事だった。(中略)

上棟式とはどのようなものか、この度の式次第を記しておく。麻の狩衣を着た大工が敷物の上に座り御幣を持ち、三度礼拝した。次に直垂を着た引頭※が棟木の上に登って、御幣を立てた。そして槌を三度打ちつけた。

それから伏見宮家御所の青い御馬を牽いてきた。大工がその馬の縄を取り、軽く拝礼した。その後、田向家の赤みを帯びた白毛の馬を先ほどと同様の作法で牽いてきた。さらにまた同じく赤みを帯びた白毛の馬を世尊寺行豊が同様の作法で牽いてきた。この三頭の馬を牽き廻した。

その後、釿初め※※。これは柱一本に墨縄《すみなわ》を打ち、その三ヶ所を釿で打つというものである。最後に三度礼拝して、行豊が持って来た太刀を大工の引き出物として渡して、上棟式は終わった。

※引頭《いんどう》…番匠集団のなかで、大工の次に位する者のこと。
※※釿《ちょうな》…鍬のような形の斧。鉋《かんな》として使う。

家司である田向家の上棟式祝儀として、伏見宮貞成は「蟷螂一疋〈但代物〉」を贈っています。これをそのまま直訳すれば、「(お祝いの) カマキリ一匹代わりの銭」ということになります。もらった田向家も「畏悦申」すなわち「たいへんありがとうございます。嬉しいです」とお礼を述べています。はたしてカマキリ一匹をもらって、人は喜ぶものでしょうか。

実は「蟷螂」という言葉には、「カマキリ」以外に「カマキリのように痩せた馬」という意味もあります。つまり貞成は、痩せた馬を買える程度の金銭を田向家に与えたということになります。これは、お祝いの相場よりも低い金額しか与えることができなかった自分の経済力を自虐的に示したものといえるでしょう。臣下である家司に対して十分な手当てができないことを、貞成は心苦しく思っていたのでした。

(4) 宇治川から舞い上がる白い竜

前に空から降ってきた竜のお話をしましたが、今度は逆に舞い上がる竜のお話です。

応永二十四年（一四一七）閏五月二日条

夕方、にわか雨が降った。宇治川から竜が舞い上がる姿を、月見岡の下あたりで人々が目撃したという。白い竜だそうだ。河辺にいた草刈りの子ども一人が黒雲に巻き上げられ、すぐに墜落して気を失ったそうだ。翌日、目が覚めて無事だったという。まれなことだ。

もう一つ、竜のお話をします。これは宇治川から舞い上がる白い竜です。「舞い上がる」と訳しましたが、底本では「騰《トウ(あがる)》」とあります。河辺で草刈りをしていた子供（底本「小童《こわらわ》」）が黒雲に巻き上げられました。竜巻でしょうか。その後すぐに落下しましたが、翌日には意識が戻ったそうです。ここでも貞成は竜を「希有《けう》」と評しており、やはり怪異だとはみなしていません。

（5）飼い猫が犬に噛み殺される

貞成は猫を飼っていました。その猫のかわいそうなお話です。

応永二十六年（一四一九）四月十五日条頭書

私の飼っていた猫が、先日、犬に咬《か》まれた。その傷のため、今日、死んだ。かわいそうなので、記しておく。

他愛もない記事ですが、貞成は猫を飼っていました。その猫が、宮家へ入り込んだ犬に噛み殺されたそうです。貞成は、犬にはよく悩まされます。「犬の小便」が怪異かどうか、頻りに気にしていました。

(6) 称光天皇が飼育していた羊を、弟の小川宮が殴り殺す

「(1)ペットの白い羊」でも、羊の話をしました。案外、羊はそれなりに日本に輸入されていたのかもしれません。

応永三十年(一四二三)二月二十二日条

ところで聞くところによると、天皇陛下が飼育なさっていた羊を弟の小川宮が欲しがったので、お与えになった。ところが小川宮は、すぐにその羊を殴り殺してしまった。そのことだけでなく、陛下ご兄弟の仲がいろいろと険悪になっているという噂が流れている。よろしくないことだ。

称光天皇は、飼っていた羊を弟の小川宮に譲りました。譲り受けた小川宮は、すぐにその羊を殴り殺してしまったそうです。この件に限らず、もともと兄弟仲が悪かったことの表れの一つなのでしょう。それにしても、天皇が羊を飼っていたというのは興味深いことですね。

(7) 鹿の鳴き声

鹿の鳴き声を聞いたことがありますか。

応永三十一年（一四二四）一月十四日条

夜、山で鹿が鳴くのは不吉なので、陰陽師に占ってもらったところ、凶事なので謹慎した方がよいという報告があった。

山鹿がどんな声なのか調べたら、ケーンケーンと鳴くのですね。それがうら悲しく聞こえるので、不吉に感じたのでしょうか。

(8) 蜂の合戦

貞成は、ミツバチとキバチの戦いを熱心に記録していました。

応永三十一年（一四二四）八月二十三日条

今日、御所の楝木の上にミツバチの巣があるのを見付けた。そこに、キバチが二〜三十匹飛来し、ミツバチの幼虫を食べようとしている。それで巣の周りを数千匹のミツバチが集まり、キバチと合戦を始めた。四時間余り噛《か》み合い、死んだり傷ついた蜂が多数でた。

遂にミツバチは負けて、退散した。キバチはミツバチの巣を食い破り、幼虫を食べた。ミツバチは千～二千匹も集まっただろうか。一方、キバチはわずか二～三十四だった。それでもキバチが勝ったのである。死んだり傷ついた蜂が御所内に散らばって落ちている。希に見る不思議な事だった。ただし、蜂同士が戦うのは通常のことらしい。

底本でミツバチは「しし蜂」（獅子蜂）とあります。獅子蜂にはスズメバチとミツバチの意味がありますが、ここではミツバチのことでしょう。

一方、キバチは底本では「三日蜂《みかばち》」とあります。みかばち（木蜂）は樹蜂《キバチ》の古名で、ミツバチよりも大形の蜂です。

キバチによるミツバチの巣に対する襲撃を、貞成はとても冷静に観察しています。これを不思議なことだと言っていますから、普通であればこれを怪異だと騒ぎ立てるはずです。ところが、蜂同士が戦うのは通常のことだと誰かから聞いたのでしょう。そのため、熱心に戦いを観察して記録しています。こういう記述があるのも、『看聞日記』の面白さですね。

(9) 人間の言葉をしゃべる馬

馬が人の言葉をしゃべるという不思議なお話です。

応永三十一年（一四二四）八月二十三日条頭書《あたまがき》

さて聞いたところによると、最近のことらしいが、室町殿（足利義持）は御馬を伊勢（幕府の事務官）にお預けになっていた。ところが、その馬が口を利《き》いているのを馬屋の者が聞いたそうだ。辺りに人は居なかった。馬屋の上に居た人も同じく、馬が話をするのを聞いたという。馬がものを言うので驚いて見ていたら、馬がうなづいたそうだ。不思議な事なので、室町殿に報告されたという。その後、この馬は石清水八幡宮に神馬として引いて行かれたそうだ。

私が子どもの頃、エドという馬が言葉をしゃべるというアメリカのテレビドラマがありましたが、そのはるか昔にしゃべる馬の先輩が日本にいたようです。足利義持も貞成も、この馬のお喋りを怪異だと言っていません。このこともまた不思議なことです。

(10) 将軍足利義教、小人に会う

足利義教が、海外から運ばれてきた小人と対面しています。この小人の正体は何でしょうか。

永享三年（一四三一）七月二十八日条の読み下し文です。

小人島の人、その長さ一尺四～五寸、歳五十ばかりの小人来たる、室町殿ご覧ぜらる、人に預けらると云々

これを現代語に訳すとこうなります。

小人島の人で、身長四十二センチから四十五センチで、歳は五十歳ばかりの小人が来たという。室町殿がご覧になり、人にお預けになったそうだ。

ここに出てくる小人島というのは、どこにある島なのでしょうか。この記述の直前には、高麗から銭や唐物が将軍に献上されたという記事があります。この点から、高麗人がこの小人を連れて来たのかもしれません。

確証はありませんが、この小人とはボルネオ島かスマトラ島のオランウータンではないかと推測しています。皆さんはどうお考えでしょうか。

(11) ウサギやアホウドリを飼う

以前に貞成が猫を飼っていたお話をしましたが、それ以外にウサギやアホウドリも飼っていたようです。

永享五年（一四三三）五月二十四日条

小川浄喜がウサギの子一羽を進上してきた。それを鳥小屋に入れて飼うことにした。

伏見荘政所職（村長のような役職）の小川浄喜が、ウサギの子供一羽を進上してきた。以前から宇治川の水鳥を飼育するために建てておいた鳥小屋に入れて、ウサギの子を飼育することにします。六十一歳の貞成としては、子供（次男）のためでしょうね。

ちなみに宇治川に迷い込んだアホウドリも飼ったこともあります（一四三〇（永享二）年十一月二十八日条）。

雪が時々舞った。寒気が甚だしい。（中略）

さて舟津の猟師が沖尉※という大きな鳥一羽を捕まえてきた。この鳥の体毛羽毛は白で、白鳥のようだ。長いくちばしの下に赤い大きな袋が付いている。鳥の大きさは、白鳥二羽ほどもある。ほとんど見かけない鳥である。

珍しい名鳥なので、とりあえず手許に置いておくことにした。ただし、鳥そのものは猟師に預けておくことにする。猟師には褒美として太刀一腰を与えた。

※沖尉《おきのじょう》…アホウドリの別称。ただしアホウドリのくちばしの下に赤い袋はない。

永享二（一四三〇）年十一月二十九日条

沖尉を勧修寺へ送った。「この鳥を室町殿へお見せなさい」と勧修寺に伝えた。ところが勧修寺は「この鳥は怪しい鳥のようです。これまで見たり聞いたりしたことのない鳥です。そのような鳥をやみくもに献上するのはいかがなものでしょうか」と言って、沖尉を返してきた。

その帰路に、沖尉は死んでしまった。輿に乗せていったので、狭い輿の中の長旅で死んでしまったのだろう。そのため、さらに死穢も発生してしまった。かわいそうなことをした。

アホウドリの死でも、死穢が発生するのですね。いろいろな意味で興味深い記事です。

⑿帯張子《おびはりこ》

このお話は、生きている動物の話ではありません。帯張子とは、いったいどのようなものだったのでしょうか。

『看聞日記』では、双六の懸物（懸賞品）に「帯張子」がでてきます。

永享六年（一四三四）年五月二四日条

その後また、双六の勝負をした。私・妻の南御方庭田幸子・慈光寺持経・庭田重賢がそれぞれ、懸賞品として大事なものを一つずつ差し出した。私は青銅の花瓶、南御方は帯張子、持経は尾張細美一反、重賢は茶碗形の花瓶などである。ところが、持経が酔い潰れてしまったので、勝負を付けることができなかった。

ここにでてくる尾張細美《おわりさいみ》は室町時代、尾張国の特産物で、極めて細く紡いで織られた麻布のことです。

さて問題なのは帯張子です。辞書類にも帯張子はでてきません。帯張子でネット検索すると、犬の張り子の形の帯飾りまたは帯留めがでてきます。

紙の張り子は二世紀の中国に始まり、平安時代頃には日本にも伝わり、産室に犬筥《いぬばこ》が飾られたことなど知られてます。ご存知のように犬は、安産の証《あかし》ですね。

ネット検索ででてくる帯張子の意匠は犬張り子で、これは江戸時代に成立した郷土玩具の意匠なのです。

ただいずれにしろ、室町時代でも「張り子」が「紙細工」であることは間違いないでしょう。問題はその意匠です。室町時代の帯張子、果たしてどのような意匠だったのか、気になります。

(13) 小鳥を口縄《くちなわ》に食べられる

伏見宮家では、小鳥も飼っていました。その小鳥を無残にも食い殺した口縄とは、いったい何でしょうか。

永享七年(一四三五)六月二十五日条

ところで、伏見宮家ではウソ三羽とヒワ二羽の小鳥たちを、鳥籠に入れて飼っていた。鳥籠は、簾懸《すだれか》けの内側に吊っておいた。

夜、寝付く時分に、小鳥たちが騒ぎ立てた。それで妻の南御方が手持ちの小松明《こたいまつ》で照らして、鳥籠の中を覗《のぞ》き込んだ。するとヘビが鳥籠のなかに入り込んで、ウソ一羽を飲み込んでいた。既にもう一羽のウソとヒワ一羽は死んでいた。言葉にできないほど、ひどいことだ。

この騒ぎに驚いた宮家の男どもがやって来て、ヘビを打ち殺した。残るウソ一羽とヒワ一羽は、なんとか生き延びていた。それ以外の三羽は、死んでしまった。かわいそうなことだ、かわいそうなことだ。ヘビのすることは、とても恐ろしい。

「ヒワ」とは聞き慣れない鳥の名ですが、漢字で「鶸」とかいて、マヒワ・ベニヒワ・カワラヒワの総称だそうです。「ひわどり」ともいい、本来はマヒワをさす呼び名であったようです。

貞成は、動物に異変があると必ず怪異ではないかと疑って、陰陽師に占わせます。ところが今回は、怪異のかの字も出てきません。かわいい飼い鳥がヘビに殺されたショックは、それほど大きかったのでしょう。その気持ちは現代人の私にも良く分かります。

この記事で貞成は、ヘビのことを「口縄」と呼んでいます。ただしこの「口縄」は宛字で、正しい漢字表記は「朽ち縄」です。この表記は、朽ちた縄がヘビに似ているからだそうです。とはいえ宛字の「口縄」すなわち「口がついた縄」という呼び方の方が、よりリアリティがあるように感じますが、いかがでしょうか。

(14) 百足《むかで》は御福である

私は百足が苦手です。でも、百足はけっこう人気があるようですね。

永享九年（一四三七）八月二十九日条

さて今日、鞍馬寺へ代参の者として与次郎を行かせた。与次郎が鞍馬寺から戻る途中、貴船《きふね》で百足を見付けた。この百足を捕まえて、山椒《さんしょう》の枝（底本では浹枝《はさみえだ》とある）に乗せたが、少しも動かない。簡単に捕獲できて、長い道のりも全く動かず、宮家まで百足を持参してきた。

この百足が御金福《きんぷく》をもたらすものであることは、間違いない。すぐに百足を御帳台《みちょうだい》の帳《とばり》の内側に載せて安置した。毎月、鞍馬寺へ参詣して信仰してきた、そのご利益《りやく》に預かることができて、とても嬉しかった。

梅雨の時期に米沢の私のアパート室内で、百足が散歩していました。また山国荘現地調査の折、京都府ゼミナールハウスで早朝、百足に足を噛まれました。同室で隣のベッドに寝ていた中央大学の坂田聡氏が百足に気づいて、驚いていました。そういう経験がある私としては、百足が金運もたらすという言説にはあまり同調できません。

ただここでポイントになるのは、鞍馬寺参詣からの帰り道という点です。鞍馬寺には毘沙門天が祀られており、毘沙門天の使いは百足なのです。この百足は鞍馬寺から貞成に使わされた神の使者だと貞成は喜んでいたのです。

それに毘沙門天は武神のイメージが強いですが、もともと財宝の神様で福の神の一面もあります。日本でも七福神の一人に毘沙門天がいますよね。

したがってこれはこの百足は金運を授かった証ということになるのでしょう。

とはいえ私としてはやはり、百足にはもう出会いたくはないですね。

⒂ 兎は寒さに弱い？

伏見宮家ではウサギも飼っていました。ウサギは寒さに弱い動物なのでしょうか。

永享九年（一四三七）十月八日条

飼っていた兎を島田定直に預けた。これから寒くなるので、避寒して健康を維持させるために預けたのである。

十月初冬となり寒くなってくるので、兎を長講堂六条庁官の島田定直に預けたと貞成は言います。「避寒して健康を維持させる」と訳しましたが、底本では「養性（養生）」と記されています。

前年の永享八年五月二十四日に、伏見荘地侍である三木《そうぎ》家の息子である石松が、貞成の次男のためと「兔の子」を献上してきました。たぶん伏見荘で捕獲したものでしょう。

宮家に連れられてきた兎は、永享九年十月時点で既に八ヶ月ほど飼育されていました。兎はほぼ一年で成獣になるといわれていますので、もうすぐ大人になろうかという頃ですね。

ちなみに永享七年（一四三五）十二月十九日に、貞成は故後小松上皇御所の跡地に新造御所を建てて、伏見から京都へ引っ越しています。したがってこの兎は永享八年の冬（陰暦十月～十二月）を洛中で過ごしています。

ところで、兎は本当に寒さに弱いのでしょうか。兎は南極以外の世界各地に住み、寒気は摂氏十度までは耐えられるとのことです。したがって特に寒さに弱いとはいえないでしょう。ただ日本の在来種ニホンノウサギは、灰色や褐色の毛色が冬になると白毛に生え替わります。そのため、兎は寒さに弱いと貞成は考えたのかもしれません。

島田定直は京都に屋敷をもっていますが、この時期、伏見宮家領の近江国山前《やまさき》荘や若狭国松永荘半済《はんぜい》分の代官もしていました。その関係で定直は、京都と滋賀や福井の間をしょっちゅう行き来していました。もしかしたら貞成は、琵琶湖がある滋賀の冬の方が盆地の京都よりも暖かいだろうと思って、定直に預けたのかもしれません。

いずれにせよ島田定直としては、主人筋の兔を凍えさせまいと苦労したことでしょうね。

おわりに

私は大学二年生の時に、恩師の田沼睦先生に手ほどきを受けて、『看聞日記』を読みはじめました。それ以来、大学院自主ゼミや勤務先の授業などで、ずっとこの日記を講読してきました。私の専門は中世村落史なので、『看聞日記』の前半に描かれた山城国伏見荘の村々に関する記述にとても魅力を感じました。しかしこの日記の本当の面白さは、前述したように政治のみならず社会や文化に関する多種多様な記述にあります。そのことを常々学生にも訴えてきたところです。

そして定年十年前を機に、この日記を現代語に訳すことを思いつきました。私自身は日記を専門としていないので、現代語訳をするには不適任であることは重々承知しています。しかし、一般の読者の方々を含めて、広くこの日記の面白さを知ってもらいたいという思いが募り、このような「暴挙」をはじめた次第です。それに、ずっと中世社会のことを教えてくれた記主の伏見宮貞成さんへの恩返しという思いもありました。

さて現代語訳の作業を続ける一方、その時々に出会った面白い記事を書き留めてきました。

勉誠社から現代語訳を出版するに先立ち、『看聞日記』の面白さを示すパイロット本を出せないかというお話をいただきました。最初はずいぶん躊躇しましたが、ある時、これまで抜き書きし続けてきた面白い記事のことが頭をよぎりました。これこそ、皆さんに『看聞日記』の面白さをお知らせする、最適な手段になるのではないかと思いました。

そこで、私が書き留めてきた記事をもとに、『看聞日記』を理解するうえで有用なエピソードを選んで、本書に掲載しました。気楽に手に取って、本書をお楽しみいただけたでしょうか。

貞成は無位無官で無職でしたが、晩年は「事実上の法皇」として公家社会から広く敬意を受けます。『図書寮叢刊本』七には、『看聞日記』巻四十三として『諸家拝賀記』を載せています。『諸家拝賀記』は、位階官職を受けた公家たちが昇進した喜びをもって貞成に敬意を表したことを記録したものです。したがってこれは『看聞日記』の別記または部類記ともいうべきものなので、この記録を『看聞日記』の巻四十三とするのは、いささか違和感があります。

しかし『諸家拝賀記』を『看聞日記』の一部としたことに対して、泉下の貞成はむしろ喜んでいるのではないかとも思います。なぜなら、「事実上の法皇として多くの公家から拝賀を受ける」という「仕事」は、無職であった貞成が晩年に唯一に勤めた栄えある「公務」だったからです。人生の最後の最後、貞成はこのような嬉しさに包まれて息を引き取ったのではないかと思います。

なお本書の執筆・編集にあたっては、勉誠社の黒古麻己さんにたいへんお世話になりました。黒古さんの優れたアドバイスがなければ、本書が世に出ることはなかったと思います。末筆ながら、黒古さんに心より厚くお礼申し上げます。

また本書カバーへの上杉本洛中洛外図屏風中の各種画像の掲載をご許可くださった米沢市上杉博物館にも、厚くお礼申し上げます。三月まで勤務していた山形県立米沢女子短期大学と米沢市上杉博物館とは、地域の歴史文化の保存・継承に関して、緊密に連携しています。退職後に上梓する本書で、上杉本の画像を使うことになるとは、夢にも思いませんでした。この不思議なご縁にも、厚く感謝いたします。

看聞日記・伏見宮貞成関係文献目録（発表年代・執筆者初出順）

【凡例】

①『看聞日記』や伏見宮貞成を論述の主な対象とする文献を掲載した。
②発表年代順に掲載した。
③同一執筆者の文献は、初出時にまとめて掲載した。
④同一年に発表された文献は、執筆者名の五十音順に掲載した。

八代国治「伏見御領の研究」、『国史叢説』、吉川弘文館、一九二五年
村田正志「後小松天皇の御遺詔」、『村田正志著作集』二、思文閣出版、一九八三年、初出一九四四年
同「伏見宮栄仁親王の二皇子に関する史実」、『村田正志著作集』二、思文閣出版、一九八三年、初出一九五三年
同「証註椿葉記」、『村田正志著作集』四、思文閣出版、一九八四年、初出一九五四年
川上貢「損色の研究」、『日本建築学会論文集』四四号、一九五二年
同「伏見御所について」・同「伏見殿の考察」、『日本中世住宅の研究』、墨水書房、一九六七年
田中久夫「中世の盆行事」、『岡山民俗』一〇〇号、一九六二年

黒川正宏「山城国伏見荘の地侍たち」、同『中世惣村の諸問題』、国書刊行会、一九八二年、初出一九六四・六五年
石塚一雄「後崇光院宸筆物語説話断簡について」、『書陵部紀要』一七号、一九六五年
同「後崇光院御筆九十首抄模本の出現」、『人文会紀要〈国士舘大・文〉』一八号、一九八六年
伊地知鉄男「東山御文庫本『不知記』を紹介して和歌・連歌・猿楽のことに及ぶ」、『国文学研究』三五号、一九六七年
下房俊一「伏見宮貞成」、『国語国文』四一一号、一九六八年
伊藤敬「『菊葉和歌集』考」、同『新北朝の人と文学』、三弥井書店、一九七九年、初出一九六九年
野田只夫「伏見城下町の一考察――築城前の伏見と城下町建設――」、『京都教育大学紀要A』三五号、一九六九年
木内一夫「看聞御記に見えたる松拍――その様態と当代猿楽――」、『国学院雑誌』七二巻五号、一九七一年
同「看聞御記に見えたる地蔵詣・念仏躍と風流」、『国学院雑誌』七六巻五号、一九七五年
小笠原恭子「芸能と風流――室町期――」、『芸能の視座』、桜楓社、一九八四年、初出一九七三年
尾崎忠司「説話創造の原点――看聞御記桂地蔵説話の成立をめぐって――」、『湊川女子短期大学紀要』九号、一九七五年
阿部猛「中世後期における都市貴族の生活と思想」、同『中世日本社会史の研究』、大原新生社、一九八〇年、初出一九七六年
飯倉晴武「室町時代貴族と古典――伏見宮貞成親王を中心に――」、『国語科通信』三三号、一九七七年

工藤早弓「後崇光院の文学生活――『看聞日記』に見られる絵巻物の享受――」、『国文橘』六号、一九七八年
高橋康夫「後小松院仙洞御所跡敷地の都市再開発」、同『京都中世都市史研究』、思文閣出版、一九八三年、初出一九七八年
熊倉功夫「看聞御記の茶」、『日記・記録による日本歴史叢書・月報』二号、一九七九年
小池一行「資料紹介　後崇光院続歌百首――図書寮叢刊『後崇光院詠草類』補遺――」、『書陵部紀要』三〇号、一九七九年
八嶌正治「後崇光院詠草を巡って」、『書陵部紀要』三一号、一九七九年
同「後崇光院と連歌」、『日本歴史』四六四号、一九八七年
横井清『室町時代の一皇族の生涯』、講談社学術文庫、二〇〇二年、初出一九七九年
同「「日記」と「御記」の間」、『文学』五二巻七号、一九八四年
同「伏見殿のたたかい――『看聞日記』に浮かぶ室町期の皇位継承問題――」、『別冊文芸　天皇制――歴史・王権・大嘗祭――』、河出書房新社、一九九〇年
市野千鶴子「伏見御所周辺の生活文化――看聞日記に見る――」、『書陵部紀要』三三号、一九八二年
森田恭二「『看聞日記』にみる民衆の生活」、『京都市歴史資料館紀要』一〇号、一九八二年
坂本麻美子「15世紀の音楽界①～⑨」、『MLAJ NEWSLETTER』Vol. 6 №. 2～Vol. 7 №. 6、一九八四～一九八六年
同「十五世紀の宮廷雅楽と綾小路有俊」、『東洋音楽研究』五一号、一九八七年
同「十五世紀における御遊」、『人間文化研究年報（お茶の水女子大）』一四号、一九九〇年

春田宣「『看聞日記』の「世間巷説」と説話――桂川地蔵御堂修造話を中心に――」、『国学院雑誌』八六巻一一号、一九八五年
国米秀明「『看聞御記』における和漢連句」、『中世文芸論稿』一〇号、一九八七年
榊原悟「放屁譚三題」、『サントリー美術館開館廿五周年記念論集』二号、サントリー美術館、一九八七年
同「後崇光院と二つの放屁譚」、『中世文学』四三号、一九九八年
斎藤昌利「「看聞御記」にみる絵巻制作について」、山根有三先生古稀記念会編『日本絵画史の研究』、吉川弘文館、一九八九年
位藤邦生『伏見宮貞成の文学』、清文堂、一九九一年
同「研究余滴 小さな語誌――「雑熱」について――」、『国文学攷』一五六号、一九九七年
杉浦勝「看聞日記における平家語りの状況」、『摂大学術B 人文科学・社会科学編』一〇、一九九二年
柳原敏昭「応永・永享期における陰陽道の展開――『看聞日記』を中心として――」、『人文学科論集 鹿児島大学法文学部紀要』Vol. 35、一九九二年
吉田友之「室町前期における会所の絵画――いわゆる『和漢配合』をめぐって――」、帝塚山学院大学創立二五周年記念論集『世界と日本』、一九九二年
松薗斉「持明院統天皇の分裂」、同『日記の家――中世国家の記録組織――』、吉川弘文館、一九九七年、初出一九九三年
同「『看聞日記』――ある宮様のサクセスストーリー」、元木泰雄・松薗斉編『日記で読む日本中世史』、ミネルヴァ書房、二〇一一年

同「伏見宮家の南御方――その物詣を中心に――」、『朱』五五号、二〇一一年
同「『看聞日記』に見える尼と尼寺」、愛知学院大学人間文化研究所紀要『人間文化』二七号、二〇一二年
同「室町時代の女房について――伏見宮家を中心に――」、愛知学院大学人間文化研究所紀要『人間文化』二八号、二〇一三年
同「室町時代禁裏女房の基礎的研究――後花園天皇の時代を中心に――」、愛知学院大学人間文化研究所紀要『人間文化』三一号、二〇一六年
同『中世禁裏女房の研究』、思文閣出版、二〇一八年
同「伏見の土倉について――その文化史的アプローチ――」、愛知学院大学人間文化研究所紀要『人間文化』三五号、二〇二〇年
中井真孝「崇光院流と入江殿――中世の三時知恩寺――」、同『法然伝と浄土宗史の研究』、思文閣出版、一九九四年
荻野三七彦「『椿葉記』の研究」、同『日本古文書学と中世文化史』、吉川弘文館、一九九五年
木原弘美「絵巻の往き来に見る室町時代の公家社会――その構造と文化の形成過程について――」、『仏教大学大学院紀要』二三号、一九九五年
鈴木賢次「仮皇居になった伏見宮貞成親王御所の寝殿（仮皇居時代の南殿）の上段と平面」、『日本建築学会計画系論文集』四七四号、一九九五年
林まゆみ「中世民衆社会における被差別民と造園職能の発展過程」、日本造園学会会誌『ランドスケープ研究』五八巻五号、一九九五年
林まゆみ・李樹華「善阿弥とその周辺の山水河原者に関する再検討」、日本造園学会会誌『ランド

スケープ研究』六四巻五号、二〇〇一年
佐藤和彦「公家の住む村――山城国伏見荘の場合――」、阿部猛編『日本社会における王権と封建』、東京堂出版、一九九七年
同「中世荘園における領主支配と荘民生活――『看聞日記』を読む」、民衆史研究会編『民衆史研究の視点――地域・文化・マイノリティ――』、三一書房、一九九七年
丹生谷哲一『中世日記の基礎的研究――看聞日記を事例に――』、科学研究費補助金（一般研究C）研究成果報告書、大阪教育大学教育学部、一九九七年
廣木一人「月次連歌考――『看聞日記』の記事から――」、『青山語文』二七号、一九九七年
藤木久志「村の動員」、『村と領主の戦国世界』、東京大学出版会、一九九七年
水谷惟紗久「古記録にみえる室町時代の患者と医療（一）――『看聞御記』嘉吉元年入江殿闘病記録から――」、『日本医史学雑誌』四三巻一号、一九九七年
山路興造『宇治猿楽と離宮祭――宇治の芸能史――』、宇治市歴史資料館、一九九七年
稲葉継陽「中世後期村落の侍身分と兵農分離」、同『戦国時代の荘園制と村落』、校倉書房、一九九八年
同「自立する村の光と影」、『日本の中世12　村の戦争と平和』、中央公論新社、二〇〇二年
奥野義雄「中世における踊念仏から念仏踊への展開をめぐって――踊念仏から念仏踊への移行の条件――」、『芸能史研究』一四一号、一九九八年
三田村雅子「皇統再興のイデオロギー装置として――後崇光院父子の源氏物語絵――」、三谷邦明・三田村雅子『源氏物語絵巻の謎を読み解く』、角川選書、一九九八年
池享「中近世移行期における地域社会と中間層」、『歴史科学』一五八号、一九九九年
池上裕子「戦国の村落」、同『戦国時代社会構造の研究』、校倉書房、一九九九年

金井静香「再編期王家領荘園群の存在形態——鎌倉後期から南北朝期まで——」、同『中世公家領の研究』、思文閣出版、一九九九年、第Ⅱ部第三章
高橋秀樹「〈歴史記録への招待〉看聞日記」、『歴史読本』一九九九年四月号、一九九九年
松岡心平「椿葉のフェティシズム——朗詠「徳是」から——」、『文学』季刊一〇巻二号、一九九九年
同編『看聞日記と中世文化』、森話社、二〇〇九年
小川剛生「伏見宮家の成立——貞成親王と貞常親王——」（同書所収）
小風真理子「山門と伏見宮貞成——永享の山門騒乱をめぐって——」（同）
田村航「中原康富と伏見宮家」（同）
池田美千子「ふたつの高倉家」（同）
池和田有紀「伏見宮と綾小路一族——伏見宮旧蔵『梁塵秘抄口伝集』巻十の書写者についての再検討——」（同）
柴佳世乃「伏見宮と法華経談義——心空・鎮増との関わりに及んで——」（同）
豊永聡美「『看聞日記』の舞御覧に見る公武関係」（同）
植木朝子「『看聞日記』に見える楽器」（同）
坂井孝一「形成期の狂言に関する一考察——『看聞日記』「公家人疲労事」記事の再検討——」（同）
網本尚子「貞成のもとを訪れた芸能者たち」（同）
井戸美里「『看聞日記』における座敷の室礼」（同）
松岡心平「室町将軍と傾城高橋殿」（同）

伊藤慎吾「『看聞日記』における伝聞記事」・「ものとしての天変――『看聞日記』の一語彙の解釈をめぐって――」、同『室町戦国期の公家社会と文事』、三弥井書店、二〇一二年（いずれも初出二〇〇〇年）
鈴木元「室町前期の北野信仰と伏見宮」、同『室町連環――中世日本の「知」と空間――』、勉誠出版、二〇一四年、初出二〇〇〇年
瀬田勝哉「伏見古図の呪縛」、『武蔵大学人文学会雑誌』三一巻三号、二〇〇〇年
同「即成院の中世」、『武蔵大学人文学会雑誌』三六巻三号、二〇〇五年
森正人『伏見宮文化圏の研究――学芸の享受と創造の場として――』、科学研究費補助金（基盤研究C）研究成果報告書、熊本大学文学部、二〇〇〇年
木原弘美「天王寺妙厳院御比丘尼御所――中世大坂の寺院史についての試み――」、『史窓』五八号、二〇〇一年
小林一岳「中世荘園における侍」、『日本中世の一揆と戦争』、校倉書房、二〇〇一年
石原比伊呂「家業としての雅楽と御遊」、『史友』三四号、二〇〇二年
同「鎌倉後期～室町期の綾小路家」、『日本歴史』七〇九号、二〇〇七年
本間未生「日本中世における風流について――『看聞日記』を中心に――」、『北大史学』四二号、二〇〇二年
小森正明代表校訂『図書寮叢刊　看聞日記』一～七、明治書院、二〇〇二～二〇〇四年
村井章介「綾小路信俊の亡霊をみた――『看聞日記』人名表記法寸考――」、同『中世史料との対話』、吉川弘文館、二〇一四年、初出二〇〇三年
同「『看聞日記』の舞楽記事を読む」、『文学部論叢』一三八号、二〇一五年

同「『看聞日記』人名考証三題」、『日本歴史』八八二号、二〇二一年
同「『看聞日記』の引用表現について」、『古文書研究』九二号、二〇二一年
同「女と酒と伏見宮――『看聞日記』人名考証続三題――」、『日本歴史』九一二号、二〇二四年
八木聖弥「『看聞日記』における病と死」(1)~(5)、京都府立医科大学医学部医学科(教養教育)編『Studia humana et naturalia』三七~四一号、二〇〇三~二〇〇七年
青柳隆志「後崇光院と朗詠」、『日本文学』五三巻七号、二〇〇四年
榎原雅治「寄合の文化」、『日本史講座』第四巻、東京大学出版会、二〇〇四年
田平孝三「播磨国飾磨津別符の伝領と支配」、大阪教育大学『歴史研究』四二号、二〇〇四年
中沢克昭「村の武力とその再生産」、『戦争Ⅰ　中世戦争論の現在』、青木書店、二〇〇四年
加藤岡知恵子「室町時代比丘尼御所入室と室町殿免許について――伏見宮家姫宮と入室尼寺をめぐって――」、『史学』七三巻四号、二〇〇五年
志賀節子「室町期伏見庄における侍衆をめぐって」、『ヒストリア』一九七号、二〇〇五年
田中孝三「播磨国飭磨津別符の伝領と支配」、『歴史研究(大阪教育大)』四二号、二〇〇五年
梶山孝夫「『群書類従』収録の「椿葉記」について――『扶桑拾葉集』収録本との関連とその主張――」、『塙保己一検校生誕第二六〇年記念誌』、温故学会、二〇〇六年
照井貴史「『看聞日記』にみる廻打」、『歴史』一〇六号、二〇〇六年
同「『事文賽打』について」、『アジア文化史研究』六号、二〇〇六年
小林善帆「『たて花』の成立――連歌会・七夕会・立阿弥の『花』をめぐって――」、同『『花』の成立と展開』、和泉書院、二〇〇七年、第一部第一章、初出二〇〇七年
同「たて花と連歌」、『文学』一二巻四号、二〇一一年

市沢哲「伏見宮家の経営と播磨国国衙領――『徵古雜抄』所収「播磨国国衙領目録の研究」――」、同『日本中世公家政治史の研究』、校倉書房、二〇一一年、初出二〇〇八年
同「伏見宮家の経済と播磨国国衙領――『徵古雜抄』所収「播磨国国衙領目録」の研究」、『日本中世公家政治史の研究』、校倉書房、二〇一一年、初出二〇〇八年
太田直之「室町期の年中行事と在地社会――『看聞日記』に見る伝統文化形成期の一齣――」、『國學院大學研究開発推進センター研究紀要』第二号、二〇〇八年
小保内進「将軍足利義持と『源氏物語』」、『国学院雑誌』一〇九巻九号、二〇〇八年
久留島典子「政と祭りの酒宴史」、『考古学と中世史研究5　宴の中世――場・かわらけ・権力――』、高志書院、二〇〇八年
桜井英治「宴会と権力」、『考古学と中世史研究5　宴の中世――場・かわらけ・権力――』、高志書院、二〇〇八年
高岸輝『室町絵巻の魔力』一古典と想像、吉川弘文館、二〇〇八年
田代圭一「『看聞日記』に関する二、三の覚書」、『汲古』五四号、二〇〇八年
同「『看聞日記』に関する書誌学的考察」、『書陵部紀要』六六号、二〇一〇年
杉山美絵「宝厳院伏見宮仮御所周辺の景観復元の試み」、飯田紀久子・西山剛「京と伏見を結ぶ道」、佐々木創「伏見蔵光庵――「跡地」の歴史から考える――」、『看ゼミ活動報告書（武蔵大学人文学部日本・東アジア比較文化学科）』、二〇〇九年
田村航「西雲庵の素性」、『日本歴史』七三五号、二〇〇九年
同「禁闕の変における日野有光」、『日本歴史』七五一号、二〇一〇年
須田雄介「『看聞日記』に観る茶会」、『栃木史学』二五号、二〇一一年

アダム・ベドゥナルチク「『看聞御記』に再生した「をかし」美意識としての「殊勝」」、『再生の文学』第36回国際日本文学研究集会会議録、国文学研究資料館、二〇一二年

堀畑正臣「『看聞日記』に於ける「生涯」を含む熟語の意味――「及生涯」「懸生涯」「失生涯」「生涯谷」等の意味について――」、熊本大学『国語国文学研究』四七号、二〇一二年

植田真平・大澤泉「伏見宮貞成親王の周辺――『看聞日記』人名比定の再検討――」、『書陵部紀要』六六号、二〇一四年

植田真平「伏見の侍――『看聞日記』人名小考――」、『書陵部紀要』七〇号、二〇一九年

田代博志「山城国伏見荘における沙汰人層の存在形態と役割」、『中近世の領主支配と民間社会』、熊本出版文化会館、二〇一四年

同「室町期荘園村落における内部紛争の解決過程と諸権力――山城国伏見荘を事例として――」、『熊本史学』一〇二号、二〇二一年

段上達雄「傘鉾・風流傘の誕生2――風流傘と鵠鉾――」、『別府大学紀要』五五号、二〇一四年

久水俊和「「天皇家」の追善仏事と皇統意識」、同『中世天皇家の作法と律令制の残像』、八木書店、二〇二〇年、初出二〇一五年

同「後花園天皇をめぐる皇統解釈」、同『中世天皇家の作法と律令制の残像』、八木書店、二〇二〇年、初出二〇一七年

高谷知佳『「怪異」の政治社会学――室町人の思考をさぐる――』、講談社選書メチエ、二〇一六年

酒匂由紀子「応仁・文明の乱以前の土倉の存在形態」、『室町・戦国期の土倉と酒屋』、吉川弘文館、二〇二〇年、初出二〇一八年

白根陽子「伏見宮家領の形成――室町院領の行方をめぐって――」、同『女院領の中世的展開』、同

成社、二〇一八年
山本聡美「宝蔵絵の再生――伏見宮貞成親王による「放屁合戦絵巻」転写と画中詞染筆――」、『説話文学研究』五三号、二〇一八年
鈴木孝庸「貞成親王と平家語り」、『芸能史研究』二二六号、二〇一九年
秦野祐介「伏見宮家領における鮭昆布公事についての基礎的考察――一五世紀における鮭の流通状況のための試論――」、『研究論集 歴史と文化』四号、二〇一九年
赤田光男「京都の花見歳時記」、同『中世都市の歳時記と宗教民俗』、法藏館、二〇二〇年、京都編第二章
同「京都の夏から秋の歳時記」、同『中世都市の歳時記と宗教民俗』、法藏館、二〇二〇年、京都編第三章
同「京都の冬の歳時記」、同『中世都市の歳時記と宗教民俗』、法藏館、二〇二〇年、京都編第四章
同「山遊びと庭造りおよび蹴鞠の展開」、同『中世都市の歳時記と宗教民俗』、法藏館、二〇二〇年、京都編第五章
同「自然をめぐる「遊び」の文化史」、同『中世都市の歳時記と宗教民俗』、法藏館、二〇二〇年、京都編第六章
同「『看聞御記』にみる俗信の諸相」、同『中世都市の歳時記と宗教民俗』、法藏館、二〇二〇年、京都編第八章
同「『看聞御記』にみる民間芸能と霊場寺社信仰の諸相」、同『中世都市の歳時記と宗教民俗』、法藏館、二〇二〇年、京都編第九章
白川宗源「室町時代における巡事と茶寄合」、永井晋編『中世日本の茶と文化――生産・流通・消費

をとおして――』、勉誠出版、二〇二〇年
槇道雄「伏見宮家の成立」、同『上皇と法皇の歴史――仙洞年代記――』、八木書店、二〇二一年、第三章二六
吉江崇「長講堂領伏見御領の形成過程」、『朱』六六号、二〇二三年
加栗貴夫「疾病をめぐる中世後期公家社会の一側面――「小瘡」――を素材として」、『史友』五五号、二〇二三年

伏見宮貞成略年譜

西暦	和暦	数え年	事績
1371	応安5	1	生誕。今出川公直夫妻に養育される
1398	応永5	27	祖父の崇光上皇、死去する 後小松天皇、伏見宮家領を没収する 父の栄仁親王、出家する
1401	応永8	30	伏見御所、焼失する
1408	応永15	37	後小松天皇、伏見荘を宮家へ返還する
1411	応永18	40	貞成王、伏見御所で元服する
1416	応永23	45	『看聞日記』開始 父・栄仁親王、死去する 兄の治仁王、二代目当主となる
1417	応永24	46	兄・治仁王、急死する 貞成王が三代目当主となる
1419	応永26	48	長男・彦仁王(後の後花園天皇)誕生する
1422	応永29	51	大光明寺に父の菩提寺・大通院を建立する
1425	応永32	54	貞成王に親王宣下がなされる 貞成親王、指月庵で出家する(法名は道欽) 次男・貞常王(後の四代目当主)誕生する
1428	正長1	57	称光天皇死去し、彦仁親王が践祚する
1429	永享1	58	彦仁親王、即位する(後花園天皇)
1432	永享4	61	『王統廃興記』(『椿葉記』)の清書が終わる
1434	永享6	63	後花園天皇に『椿葉記』を献上する
1435	永享7	64	京都一条東洞院の新御所に移る
1447	文安4	76	太上天皇の尊号「後崇光院」を受ける
1448	文安5	77	『看聞日記』終了。尊号を形式的に辞退する
1456	康正2	85	死去

著者略歴

薗部寿樹（そのべ・としき）

1958年東京都品川区生まれ。

1989年筑波大学大学院博士課程歴史・人類学研究科史学専攻 単位取得退学。博士（文学）［筑波大学］。

現在は山形県立米沢女子短期大学名誉教授。中央大学文学部兼任講師。

主な著書に『日本中世村落内身分の研究』（校倉書房、2002年）、『村落内身分と村落神話』（校倉書房、2005年）、『日本の村と宮座—歴史的変遷と地域性—』（高志書院、2010年）、『中世村落と名主座の研究—村落内身分の地域分布—』（高志書院、2011年）、『日本中世村落文書の研究—村落定書と署判—』（小さ子社、2018年）、『中世村落の文書と宮座』（小さ子社、2023年）がある（いずれも単著）。

看聞日記《かんもんにっき》とその時代《じだい》
——好奇心旺盛《こうきしんおうせい》な皇族《こうぞく》・伏見宮貞成《ふしみのみやさだふさ》が語《かた》る中世社会《ちゅうせいしゃかい》

二〇二四年十月三十日　初版発行

著者　薗部寿樹
発行者　吉田祐輔
発行所　㈱勉誠社
〒101-0061 東京都千代田区神田三崎町二-一八-四
電話　〇三-五二一五-九〇二一㈹

印刷 製本　三美印刷(株)

ISBN978-4-585-32059-3　C1021

織田信長文書の世界
永青文庫　珠玉の六〇通

六〇通の信長の手紙に加え、藤孝・光秀・秀吉などの文書も含めた全七六点をフルカラー掲載。詳細な解説・翻刻・現代語訳なども付した決定版！

公益財団法人永青文庫・熊本大学永青文庫研究センター 編・本体二八〇〇円（＋税）

秀吉の天下統一
奥羽再仕置

関東・東北地方への戦後処理（宇都宮仕置・会津仕置）、その後に勃発した各地の一揆への対応（奥羽再仕置）の実情を各地域それぞれの視点から仔細に描きだす。

江田郁夫 編・本体三二〇〇円（＋税）

料理の日本史

縄文時代から現代に至るまで、それぞれの時期の社会との関わりに注目し、多数の図版とともに、通史的に料理の変遷が学べる、画期的な一冊。

五味文彦 著・本体二四〇〇円（＋税）

日本人にとって教養とはなにか
〈和〉〈漢〉〈洋〉の文化史

日本人が「人としてどう生きるか」を模索してきた歴史を、日本由来の文化＝〈和〉、中国由来の文化＝〈漢〉、欧米由来の文化＝〈洋〉の交錯の中から描き出す。

鈴木健一 著・本体三五〇〇円（＋税）

増補改訂新版 日本中世史入門
論文を書こう

歴史学の基本である論文執筆のためのメソッドと観点を日本中世史研究の最新の知見とともにわかりやすく紹介、歴史を学び、考えることの醍醐味を伝授する。

秋山哲雄・田中大喜・野口華世 編・本体三八〇〇円（＋税）

日本近世史入門
ようこそ研究の世界へ！

織豊期・江戸時代の魅力を伝えるために、各研究テーマの来歴や現状、論文執筆のノウハウ、研究上の暗黙知、さらには秘伝（？）までを余すところなく紹介。

上野大輔・清水光明・三ツ松誠・吉村雅美 編
本体三八〇〇円（＋税）

古文書への招待

古代から近代にわたる全四十五点の古文書を丹念に読み解く。カラー図版をふんだんに配し、全点に翻刻・現代語訳・詳細な解説を付した恰好の古文書入門！

日本古文書学会 編・本体三〇〇〇円（＋税）

古文書修復講座
歴史資料の継承のために

古文書の調査のみならず保存・整理の方法論を検討し、歴史資料の取り扱いかたのレクチャーを行ってきた神奈川大学日本常民文化研究所のノウハウ・知見を紹介。

神奈川大学日本常民文化研究所 監修／関口博巨 編
本体三八〇〇円（＋税）